Parabéns! A Coleção Akpalô tem um conteúdo digital completo e exclusivo esperando por você!

Para utilizar todos os recursos digitais da coleção, acesse o portal:
www.editoradobrasil.com.br/akpalo

Cadastre-se no portal e aproveite o conteúdo exclusivo!

1º - **Entre em Acesso ao conteúdo restrito**, clique em Cadastre-se e escolha a opção Aluno.

2º - **Digite o código de acesso**:
1153730A1144418

Você pode digitar todos os códigos que tiver! 😉

3º - **Preencha o cadastro** com suas informações.

Viu como é fácil? Acesse e transforme seus estudos em uma experiência única de aprendizado.

CB015164

Editora do Brasil

Denise Bigaiski
Lilian Sourient

Ciências

Palavra de origem africana que significa "contador de histórias, aquele que guarda e transmite a memória do seu povo"

Dados Internacionais de Catalogação na Publicação (CIP)
(Câmara Brasileira do Livro, SP, Brasil)

> Bigaiski, Denise
>   Akpalô ciências, 2º ano / Denise Bigaiski, Lilian Sourient. – 3. ed.
> – São Paulo: Editora do Brasil, 2015. – (Coleção akpalô)
>
>   ISBN 978-85-10-06084-4 (aluno)
>   ISBN 978-85-10-06085-1 (professor)
>
>   1. Ciências (Ensino fundamental) I. Sourient, Lilian. II. Título.
> III. Série.
>
> 15-06907   CDD-372.35

Índices para catálogo sistemático:
1. Ciências: Ensino fundamental 372.35

© Editora do Brasil S.A., 2015
Todos os direitos reservados

Direção geral: Vicente Tortamano Avanso
Direção adjunta: Maria Lucia Kerr Cavalcante de Queiroz

Direção editorial: Cibele Mendes Curto Santos
Gerência editorial: Felipe Ramos Poletti
Supervisão editorial: Erika Caldin
Supervisão de arte, editoração e produção digital: Adelaide Carolina Cerutti
Supervisão de direitos autorais: Marilisa Bertolone Mendes
Supervisão de controle de processos editoriais: Marta Dias Portero
Supervisão de revisão: Dora Helena Feres
Consultoria de iconografia: Tempo Composto Col. de Dados Ltda.

Coordenação de edição: Angela Sillos
Coordenação pedagógica: Josiane Sanson
Edição: Eduardo Passos, Nathalia C. Folli Simões e Sabrina Nishidomi
Assistência editorial: Érika Maria de Jesus, Mateus Carneiro Ribeiro Alves e Renato Macedo de Almeida
Auxílio editorial: Ana Caroline Mendonça
Coordenação de revisão: Otacilio Palareti
Copidesque: Giselia Costa, Ricardo Liberal e Sylmara Beletti
Revisão: Elaine Fares e Maria Alice Gonçalves
Coordenação de iconografia: Léo Burgos
Pesquisa iconográfica: Adriana Abrão, Denise Sales e Joanna Helizskowski
Coordenação de arte: Maria Aparecida Alves
Assistência de arte: Carla Del Matto
Design gráfico: Estúdio Sintonia
Capa: Maria Aparecida Alves
Imagem de capa: Rosinha
Ilustrações: Camila Hortêncio, Dam Ferreira, Eduardo Belmiro, Flip Estúdio, Giz de Cera, Hélio Senatore, João P. Mazzoco, Leonardo Conceição, Ligia Duque, Luis Moura, Marcos de Mello, Paulo José, Paulo Manzi, Reinaldo Vignatti e Rodval Matias
Produção cartográfica: Alessandro Passos da Costa, DAE (Departamento de Arte e Editoração)
Coordenação de editoração eletrônica: Abdonildo José de Lima Santos
Editoração eletrônica: N-Publicações
Licenciamentos de textos: Cinthya Utiyama, Paula Harue Tozaki e Renata Garbellini
Coordenação de produção CPE: Leila P. Jungstedt
Controle de processos editoriais: Beatriz Villanueva, Bruna Alves, Carlos Nunes e Rafael Machado

3ª edição / 2ª impressão, 2017
Impresso na São Francisco Gráfica e Editora

Rua Conselheiro Nébias, 887 – São Paulo/SP – CEP 01203-001
Fone: (11) 3226-0211 – Fax: (11) 3222-5583
www.editoradobrasil.com.br

Querido aluno,

O que há no Universo e como ele surgiu? Como posso cuidar da natureza? Quantos tipos de animais existem? De que modo as plantas se reproduzem? Como funciona o corpo humano? O que é energia?

Aprender Ciências torna-se muito mais prazeroso quando a investigamos e a colocamos em prática, ou seja, quando "fazemos" ciência. Quem não gosta de investigar situações-problemas para solucioná-las? Por isso, esteja atento a tudo que o cerca, faça perguntas, formule hipóteses, realize experimentos, seja criativo, tenha espírito crítico.

Todos nós construímos a ciência! Participe dos trabalhos em equipe, opine, discuta ideias sempre ouvindo e respeitando a opinião de todos. Contribua para seu aprendizado e o dos colegas.

Desejamos que você se torne o protagonista do próprio aprendizado e esteja certo de suas decisões. Sua atuação pode fazer a diferença.

Aproveite bem este ano!

Um grande abraço!

As autoras

Conheça as autoras

Denise Bigaiski
- Licenciada em Ciências Biológicas
- Pós-graduada em Magistério Superior
- Professora do Ensino Fundamental

Lilian Sourient
- Bacharel e licenciada em Ciências Sociais
- Professora do Ensino Fundamental

Conheça seu livro

Baú de informações: traz textos informativos que aprofundam e complementam o conteúdo.

Diálogo inicial: apresenta o tema do capítulo e algumas questões. Ao respondê-las, você se lembrará de coisas que já sabe e são importantes para iniciar o estudo do tema.

Na prática – Experimento: você fará experimentos seguindo procedimentos (passos) como observação, construção de modelo, interpretação de fatos e conclusão.

Olho vivo!: apresentada no formato de lembrete, traz orientações específicas, dicas ou sugestões, e chama a atenção para aspectos importantes do que está sendo abordado.

Brincar e aprender: atividade descontraída e contextualizada com o capítulo, que revisa ou aprofunda o conteúdo de forma lúdica.

Atividades: é o momento de refletir sobre o conhecimento adquirido e fixá-lo. Em vários momentos você encontrará atividades interdisciplinares, isto é, que trabalham assuntos de duas ou mais disciplinas.

Revendo o que você aprendeu: por meio das atividades de revisão, você retomará os conteúdos explorados no capítulo, assimilando melhor o que estudou.

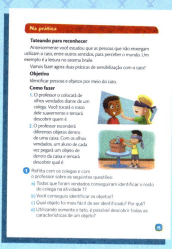

Na prática: são atividades dinâmicas e agradáveis – você irá desenhar, recortar, colar, além de pesquisar e conversar com pessoas sobre diversos assuntos.

Valores e vivências: textos sobre saúde, meio ambiente, ética, formação cidadã, consumo etc. Você saberá mais sobre a maneira de cada um ser, ver, fazer e entender as diferentes situações do dia a dia.

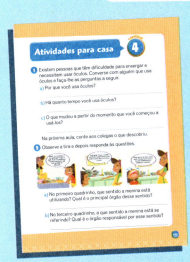

Para ir mais longe: gostou do assunto estudado e quer saber ainda mais? Aqui há dicas de livros, filmes e *sites* que poderão enriquecer seu repertório.

Atividades para casa: no final do livro, você encontra atividades de todos os capítulos para fazer em casa, facilitando assim o estudo.

Um pouco mais sobre: textos, músicas, poemas e outros gêneros artísticos apresentam curiosidades sobre o tema estudado.

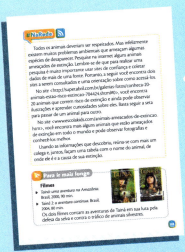

#NaRede: atividades orientadas para você começar a ter contato com o ambiente digital e, aos poucos, adquirir autonomia na hora de pesquisar na internet.

Sumário

Capítulo 1 ➤ **Os seres humanos** 10
Semelhanças e diferenças entre as pessoas 11
Nós herdamos características de nossos antepassados 15
Como nascem os seres humanos 17
Nosso organismo continua mudando 21

Capítulo 2 ➤ **Cuidados com o corpo** 28
Saúde é um direito de todos! 29
Vacina é bom... 29
Vamos nos movimentar e cuidar da postura 33
Olha essa postura... 35
Se há mais higiene, há mais saúde 37
Vivendo na limpeza.. 38
Os dentes merecem bastante atenção 41

Capítulo 3 ➤ **Os alimentos em nossa vida** 52
Comer para quê? 53
Os alimentos e seus nutrientes 54
Alimentos industrializados 61
Fazendo misturas na cozinha 63
Separando alimentos na cozinha.. 65

Capítulo 4 ➤ **Percebendo o mundo** 70
Modos de perceber o ambiente 71
Quais são os órgãos dos sentidos? 73
Visão... 77
Audição... 82
Olfato... 86
Gustação 90
Tato 92

Capítulo 5 » Um planeta cheio de vida 98
Terra, um planeta especial 99
O Sol e a vida 99
Se há água, pode haver vida 99
A atmosfera terrestre e os seres vivos 99
O solo e a vida na Terra 100
Os elementos naturais vivos 102

Diferentes ambientes 107

Equilíbrio ambiental 110
O ambiente também entra em desequilíbrio 111

Capítulo 6 » Conhecendo o mundo dos animais 116
Onde vivem e como são os animais 117
Diferenciando os animais 118
Como os animais se locomovem? 123
Como os animais se reproduzem? 125

Animais silvestres e domesticados 127

Vamos falar sobre extinção 130
Fauna brasileira ameaçada 131

Capítulo 7 » Conhecendo o mundo das plantas 138
Como são as plantas? 139
As partes das plantas 142
O desenvolvimento das plantas 146
Preservando o verde 151
O ambiente ameaçado 151

Capítulo 8 » Conhecendo as máquinas 158
As máquinas simples 159
Rampa ou plano inclinado 159
Roda e eixo 160
Roldana ou polia 163
Alavanca 165

As máquinas no dia a dia 167
As máquinas evoluem e se modernizam 169

Atividades para casa 174
Encartes 185

Os seres humanos

Observe a imagem a seguir e responda às questões propostas.

Diálogo inicial

1. Encontre as semelhanças que existem entre as crianças retratadas na imagem.

2. Mencione algumas diferenças que você observa entre essas crianças.

3. Que características físicas diferenciam os seres humanos de outros seres vivos como os cachorros?

Semelhanças e diferenças entre as pessoas

As pessoas apresentam semelhanças entre si e características que as diferenciam umas das outras. As diferenças não são apenas físicas, são também comportamentais, sociais e culturais. As particularidades tornam cada ser humano um ser único.

Você conhece provavelmente muitas pessoas. Na sala de aula, por exemplo, convive com vários colegas. Observe-os atentamente e verifique as semelhanças físicas que são comuns à maioria deles.

Agora observe as diferenças que há entre as pessoas da imagem a seguir.

 Para ir mais longe

Livro

▸ *Armando e as diferenças*, de Mônica Guttmann. São Paulo: Paulus, 2008.
Nesse livro é possível observar as diferenças que há entre as pessoas e perceber que os direitos são iguais para todos.

Brincar e aprender

1 Outra característica que diferencia os seres humanos é o gosto pessoal. Alguns gostam de cachorros, outros de gato. Uns preferem surfar, outros gostam de andar a cavalo. Descubra qual das crianças gosta de jogar *video game*.

E você? Do que você gosta e do que não gosta?

_____

_____

_____

Valores e vivências

Preconceito é o ato de julgar algo ou alguém sem conhecer. É formar uma opinião sobre uma pessoa sem saber ao certo quem ela é, ou seja, julgá-la pela cor da pele, pelo dinheiro que tem, pelo modo como se veste, pela religião que pratica etc.

O que você acha desse comportamento? Quem age dessa maneira respeita as diferenças?

Na prática

1 Organizem-se em duplas. Cada dupla receberá duas folhas grandes de papel.

a) Um aluno deita-se sobre o papel, e o outro, com lápis de cor, canetinha colorida ou giz de cera, contorna o corpo do colega. Depois, invertem-se as posições.

b) Recorte o contorno de seu corpo, compare-o com o contorno do corpo dos colegas e responda no caderno:

- Todos têm o mesmo tamanho?
- Quem é o mais alto? E o mais baixo?
- Quais deles têm o mesmo tamanho?

c) Organizem os recortes em ordem crescente, isto é, do menor para o maior.

d) É possível reconhecer no contorno de um corpo características comuns a todos os seres humanos?

Baú de informações

As impressões digitais ou datilares e os padrões que temos nas palmas das mãos são marcas únicas de cada pessoa. Formam-se no útero a partir do quarto mês de gestação e nos acompanham durante toda a vida. Crescem conosco e se transformam, mas não podemos apagá-las. De fato, podem ser a única forma de identificar alguém.

Ninguém mais no mundo tem na ponta dos dedos os mesmos desenhos que você tem. Além disso, em uma só mão há uma impressão única para cada dedo. Até mesmo os gêmeos idênticos têm impressões digitais diferentes. [...]

Elena Antúnez e outros. *Diversidade: somos diferentes, únicos e especiais.* Barueri: Ciranda Cultural, 2008. p. 14-15.

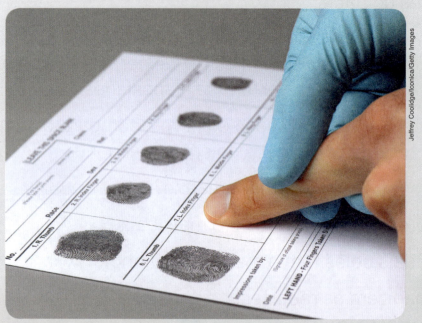

▶ Obtenção de impressões digitais de uma pessoa.

1 Com um pincel, passe uma leve camada de guache em seu polegar. Depois, pressione-o contra uma folha de papel. Observe como é sua impressão digital e compare-a com a de um colega. Com a ajuda do professor, exponham as impressões de todos no mural da sala de aula.

Nós herdamos características de nossos antepassados

Você já sabe que os seres humanos apresentam muitas semelhanças e algumas diferenças entre si. Muitas características físicas podem ser **herdadas** diretamente dos pais. Os pais também herdaram características dos antepassados deles.

> **Vocabulário**
>
> **Herdado:** adquirido por parentesco.

Observe a fotografia dessa família. Os filhos são parecidos com os pais. Eles herdaram características da mãe e do pai.

▶ Os filhos herdam características dos pais.

Na prática

1 Traga para a sala de aula fotografias de alguns parentes. Se possível, fotografias de sua mãe, de seu pai, de seus irmãos, de seus avós e tios. Que semelhanças físicas seus colegas conseguem perceber entre você e seus familiares?

Atividades

1 Observe a imagem ao lado.

Com ajuda do professor, encontre semelhanças e diferenças físicas entre as pessoas retratadas na fotografia.

Agora copie o modelo da tabela no caderno e preencha os espaços com o que se pede.

Características comuns entre as pessoas	Características que podem ser diferentes entre as pessoas

2 Diante de um espelho, observe suas características físicas. Anote no caderno qual é a cor de seus cabelos, de seus olhos e de sua pele. Após coletar os dados, o professor montará uma tabela na lousa. Observe, então, os dados dessa tabela e depois responda no caderno às questões a seguir.

a) Quantos meninos e quantas meninas estudam em sua sala de aula?

b) Qual é a cor de olhos predominante?

c) Que cor de cabelo é menos comum entre os alunos?

d) E a cor da pele: qual predomina em sua sala de aula?

e) Por que os alunos da turma têm características físicas diferentes uns dos outros?

Como nascem os seres humanos

Os seres vivos têm a capacidade de gerar **descendentes**.

Essa característica garante que os diferentes seres vivos não desapareçam do planeta. Isso ocorre porque eles têm filhotes, que poderão ter filhotes, que poderão ter também mais filhotes.

O período de gestação dos animais, isto é, o tempo em que a cria está em formação antes de vir ao mundo exterior, depende de cada espécie.

> **Vocabulário**
>
> **Descendente:** que se origina de outro ser. Por exemplo: filhotes, filhos.

▶ O período de gestação de um leão é de 3 a 4 meses.

▶ O período de gestação de um elefante é de 22 meses.

Por ser um ser vivo, os seres humanos também podem se reproduzir, originando descendentes.

O ser humano se desenvolve dentro da barriga da mãe. Esse período é chamado de **gestação** ou **gravidez**, e o bebê leva aproximadamente 9 meses para nascer.

▶ Os seres humanos podem se reproduzir.

O futuro bebê recebe tudo aquilo de que precisa para respirar e se alimentar dentro da barriga da mãe pelo **cordão umbilical**, que é uma ligação entre o organismo da mãe e o organismo do bebê.

Na gestação de humanos, o futuro bebê é chamado de **embrião** até o terceiro mês de gestação e de **feto** até o nascimento.

Quando o bebê nasce, o cordão umbilical é cortado. No lugar do cordão umbilical fica uma cicatriz, chamada umbigo.

O bebê, então, passa a respirar sozinho, mas ainda precisa de vários cuidados. Um desses cuidados é ser alimentado com o leite materno, o mais indicado para seu desenvolvimento.

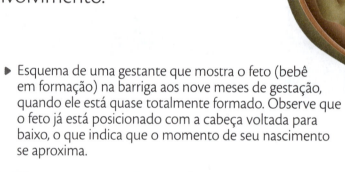

▶ Esquema de uma gestante que mostra o feto (bebê em formação) na barriga aos nove meses de gestação, quando ele está quase totalmente formado. Observe que o feto já está posicionado com a cabeça voltada para baixo, o que indica que o momento de seu nascimento se aproxima.

Para ir mais longe

Livro
▶ *Mamãe botou um ovo*, de Babette Cole. Tradução de Lenice Bueno da Silva. São Paulo: Ática, 2006. Aborda a reprodução humana.

Filme
▶ *Bambi*. Direção de Walt Disney. EUA, 1942. 70 min. Esse desenho animado pode ser utilizado para promover a discussão sobre como nascem diferentes animais.

Atividades

1 Complete as frases a seguir com palavras do quadro.

> gestação   umbigo   descendentes
> cordão umbilical   gravidez

a) Os seres vivos podem se reproduzir originando _____.

b) O período de desenvolvimento do bebê na barriga da mãe é chamado de _____ ou _____.

c) Antes de nascer o bebê é alimentado pela mãe por meio do
_____.

d) O _____ é a cicatriz deixada pelo cordão umbilical, que é cortado logo após o nascimento do bebê.

2 Analise as imagens a seguir; elas apresentam o tempo de gestação de alguns animais. Depois faça o que se pede.

▶ Cachorro: 2 meses.   ▶ Porco doméstico: 4 meses.   ▶ Girafa: 14 meses.   ▶ Elefante: 22 meses.

a) Marque um **X** na fotografia do animal que tem o maior tempo de gestação.

b) Marque com ● a fotografia do animal que tem o menor tempo de gestação.

c) Sabendo que um ano tem 12 meses, circule a fotografia dos animais que têm período de gestação maior que um ano.

3 Nem todos os animais se desenvolvem dentro da barriga da fêmea.

Observe estas fotografias e responda: de onde nascem estes animais?

___

4 Leia o texto a seguir e, depois, responda às questões.

> Um bebê não sobrevive sozinho, depende totalmente de seus pais ou de quem cuide dele. E mais tarde, conforme for crescendo, dependerá da sociedade para poder se desenvolver. [...]
>
> As sociedades foram criadas para que os homens possam sobreviver e também conviver uns com os outros.
>
> Elena Antúnez e outros. *Diversidade: somos diferentes, únicos e especiais.*
Barueri: Ciranda Cultural, 2008. p. 71.

a) De que cuidados um bebê necessita para sobreviver?

___

___

b) Hoje você não é mais um bebê. Atualmente você também precisa de outras pessoas para se desenvolver? Será que uma pessoa pode, sozinha, suprir todas as suas necessidades?

___

___

Nosso organismo continua mudando

Todos os seres vivos nascem e, um dia, morrem, e isso também ocorre com os seres humanos. Contudo, entre o nascimento e a morte, passamos por mudanças que podem ser sentidas em diferentes fases da vida: na **infância**, na **adolescência**, na **fase adulta** e na **velhice**.

Observe as fotografias a seguir. Elas são da rainha do Reino Unido, Elizabeth II, que nasceu na cidade de Londres, onde vive até hoje.

▶ Assim que nasceu, Elizabeth era assim.

▶ Elizabeth brincando com seu cachorro.

▶ Rainha Elizabeth aos 87 anos, na comemoração do Dia Internacional da Mulher.

| bebê | criança | adolescente | adulto | idoso |

▶ Elizabeth aos 5 anos, andando de triciclo no parque.

▶ Rainha Elizabeth aos 44 anos, com seu cachorro de estimação.

Na **infância** o organismo se desenvolve rapidamente. Aprendemos a falar, ficar em pé, andar, segurar e utilizar objetos.

▶ A infância tem início no nascimento e termina aos 12 anos*.

Na **adolescência** ocorrem alterações no corpo. Essas mudanças ampliam as diferenças que existem entre meninos e meninas. Começam a crescer pelos no corpo, e as meninas desenvolvem seios, por exemplo.

▶ A adolescência é o período entre 12 e 18 anos*, aproximadamente.

Na **fase adulta** o organismo atinge seu desenvolvimento máximo, e o corpo para de crescer. Geralmente nessa fase, o homem e a mulher estão prontos para se reproduzir e gerar descendentes.

Durante a **velhice**, ou terceira idade, o corpo também passa por mudanças e vai lentamente perdendo as características da juventude.

▶ A fase adulta começa aos 18 e termina aos 64 anos.

Todas as pessoas, em todas as fases da vida, merecem respeito: devem ter seus direitos garantidos e viver com dignidade. Os direitos são comuns a todas as pessoas, mas, dependendo da fase da vida em que elas estiverem, podem ter assegurados direitos específicos, como é o caso dos idosos e das crianças.

*Dados de acordo com o Estatuto da Criança e do Adolescente – ECA. Disponível em: <www.planalto.gov.br/CCIVIL_03/leis/L8069.htm>. Acesso em: 27 jul. 2015.

▶ A velhice se inicia aos 65 anos. Essa é a última fase da vida.

Os idosos têm seus direitos garantidos por meio de um documento, o Estatuto do Idoso, que foi sancionado em 1º de outubro de 2003 e tem o objetivo de regular os direitos assegurados às pessoas com idade igual ou superior a 65 anos.

Os idosos, as crianças e os adolescentes têm direitos garantidos em leis próprias.

A seguir, você fará uma pesquisa e conhecerá um pouco mais sobre os direitos das crianças.

Todas as crianças têm direitos que devem ser respeitados. Esses direitos foram estabelecidos em 20 de novembro de 1959 por representantes de centenas de países. Faça uma pesquisa na internet para saber quais são os direitos das crianças.

Para realizar uma pesquisa, é muito importante acessar *sites* confiáveis e coletar dados em mais de uma fonte. Portanto, a seguir você encontra dois *sites* para consultar e a orientação de como acessá-los.

No *site* <www.fiocruz.br/biosseguranca/Bis/infantil/direitodacrianca.htm> você verá os dez direitos (princípios) da criança, todos eles ilustrados.

O *site* <www.canalkids.com.br/unicef/declaracao.htm> também mostra os dez direitos (princípios) da criança. Na página 1 há quatro princípios. Para visualizar os demais, clique no lado direito inferior, no *link* "saber mais".

Tendo à mão as informações que pesquisou e anotou no caderno, reúna-se com dois colegas. Cada grupo representará, com desenhos ou ilustrações, um dos direitos básicos da criança em uma folha avulsa. Os trabalhos serão expostos no mural da sala de aula.

Atividades

1 Veja a fotografia de várias pessoas de uma família. Depois responda oralmente em que fase da vida encontram-se as pessoas indicadas.

▶ Família formada por diversas pessoas, que se encontram em diferentes estágios da vida.

2 Rosana dorme com um bicho de pelúcia e gosta de andar de bicicleta. Ela é muito dedicada aos estudos, sabe ler e escrever muito bem. Gosta de livros e jogos que propõem desafios.

Rosana percebeu há pouco tempo que seu corpo mudou: os seios começaram a se desenvolver.

a) Em qual fase da vida Rosana está? _____

b) Pesquise imagens em livros e em revistas. Recorte e cole no caderno a imagem de uma pessoa que se encontra na mesma fase da vida de Rosana.

Um pouco mais sobre...

Infelizmente, no Brasil e em diversas partes do mundo, algumas crianças são obrigadas a trabalhar para complementar a renda familiar. Trabalhar é responsabilidade dos adultos; crianças não podem trabalhar, elas devem estudar e brincar.

1 Leia o texto e depois responda às questões no caderno.

O que é trabalho infantil?

TRABALHO INFANTIL é toda forma de trabalho realizado por crianças e adolescentes, que estejam abaixo da idade mínima estabelecida por lei. No Brasil, o trabalho é PROIBIDO para crianças e adolescentes abaixo de 16 anos, exceto na condição de aprendiz, a partir dos 14 anos. [...]

▶ Material informativo do Ministério do Desenvolvimento Social e Combate à Fome, que explica como denunciar o trabalho infantil.

Criança e adolescente. Fundação Abrinq pelos Direitos da Criança e do Adolescente, São Paulo, [s.d.]. Disponível em: <www3.fundabrinq.org.br/dotnetnuke/quem-somos/perguntas-frequentes/crianca-e-adolescente.aspx>. Acesso em: 18 mar. 2015.

a) Em vez de trabalhar, que atividades a criança deve realizar?
b) Você conhece situações nas quais alguma criança precisa trabalhar? Conte aos colegas e ao professor.
c) Que motivos levam crianças a trabalhar?

Revendo o que você aprendeu

1 Assinale a alternativa correta.

a) As pessoas herdam características físicas dos:
- ◯ familiares.
- ◯ amigos.

b) Uma característica que pode diferenciar as pessoas é:
- ◯ ter dois olhos.
- ◯ a cor dos olhos.

c) Uma característica comum a todas as pessoas:
- ◯ ter o mesmo gosto.
- ◯ ter gostos diferentes.

2 Observe a sequência de imagens e, com um colega, responda às questões.

a) Por que a barriga da mulher cresceu e depois diminuiu?
_____
_____

b) Quanto tempo costuma durar a gestação humana?
_____

c) Logo depois do nascimento, qual é o alimento que se dá ao bebê?
_____

d) E, antes de nascer, como o feto se alimenta?

_____

3 Ligue cada uma das fases da vida humana à sua principal característica.

a) infância

b) adolescência

c) fase adulta

d) velhice

◆ O corpo também passa por mudanças e lentamente perde as características da juventude.

◆ A fase mais longa do desenvolvimento humano.

◆ Rápido crescimento, que se inicia logo após o nascimento.

◆ Acentuam-se as diferenças físicas entre meninas e meninos.

4 Observe a fotografia ao lado. Depois, converse com os colegas e o professor a respeito dela para responder às questões.

a) O que o menino está fazendo?

_____

b) Como ele conseguiu ficar maior do que é?

_____

c) Em que fase da vida humana ele se encontra?

_____

d) Qual será a próxima fase depois dessa?

_____

CAPÍTULO 2
Cuidados com o corpo

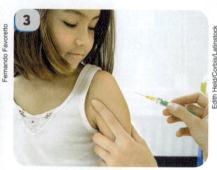

▶ Hábitos saudáveis, como a prática de atividades físicas (1); alimentação equilibrada, com itens nutritivos (2); tomar vacinas (3); lavar as mãos após usar o banheiro e antes das refeições (4); brincar bastante (5), favorecem a saúde, combatem doenças e proporcionam boa qualidade de vida.

Diálogo inicial

1. Você sabe explicar o que há em comum entre as pessoas das fotografias desta página?

2. Quais são os cuidados com o corpo mostrados nas fotografias?

3. Para você, o que é saúde?

Saúde é um direito de todos!

Para uma pessoa ser considerada saudável, não basta que ela não esteja doente. Para ser saudável é preciso realizar atividades físicas, dormir bem, adotar alimentação diversificada e nutritiva, ter bons hábitos de higiene e usufruir momentos de lazer.

▶ Brincar e praticar atividades físicas são formas importantes de manter o organismo saudável.

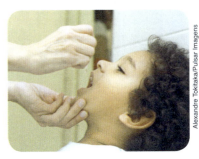

▶ As vacinas protegem o corpo de determinadas doenças.

▶ Uma alimentação variada, além de saborosa, mantém o bom funcionamento do corpo, para que não apresente doenças.

▶ Ao lavar as mãos, eliminam-se a sujeira e os microrganismos que podem causar doenças.

▶ É importante consultar um médico periodicamente para verificar como está nossa saúde.

Vacina é bom

Uma das formas de prevenir doenças é a vacinação. A vacina é uma substância que protege o organismo de certas doenças, pois o estimula a combatê-las. Portanto, ela deve ser tomada antes que a doença apareça – ou seja, é uma medida preventiva. Atualmente, há vários tipos de vacina, por exemplo, contra tuberculose, poliomielite, febre amarela, rubéola, tétano. A maioria das vacinas é administrada na infância, mas muitas delas necessitam de reforços ao longo da vida. Existem doenças para as quais ainda não existe vacina; esse é o caso da dengue.

Atividades

1 Assinale as imagens que mostram os cuidados que devemos ter com o corpo.

a) ◯　　c) ◯

b) ◯　　d) ◯

2 Leia a seguir um texto que trata da vacinação. Depois, responda às questões.

A vacinação é uma das maiores conquistas da humanidade, sendo o meio mais seguro e eficaz de prevenir doenças **infectocontagiosas**.

É muito melhor e mais fácil prevenir uma doença do que tratá-la – e é isso que as vacinas fazem. [...]

Vocabulário

Infectocontagioso: que pode ser rapidamente transmitido a outras pessoas.

As primeiras vacinas foram descobertas há mais de 200 anos. Atualmente, as vacinas são resultado de pesquisas intensivas [...]. A vacinação não apenas protege aqueles que recebem a vacina, mas também ajuda a comunidade como um todo. Quanto maior for o número de pessoas de uma comunidade protegidas, menor é a chance de qualquer uma delas – vacinada ou não – ficar doente.

Disponível em: <https://hospitalsiriolibanes.org.br/hospital/especialidades/centro-imunizacoes/Paginas/saiba-mais-vacinacao.aspx>. Acesso em: 11 jun. 2015.

a) Por que devemos tomar vacinas?

_____

b) De acordo com o texto, qual é a importância das pesquisas científicas para proteger a saúde das pessoas?

_____

_____

3 Descubra um importante documento relacionado à saúde das crianças e dos adultos também. Troque os desenhos pela letra inicial do nome de cada um.

_____

Brincar e aprender

1 O Zé Gotinha é o símbolo da campanha de vacinação contra a paralisia infantil. A vacina é aplicada na forma de duas gotas na boca da criança. Pinte os espaços assinalados a seguir e encontre esse personagem tão importante para a prevenção dessa doença.

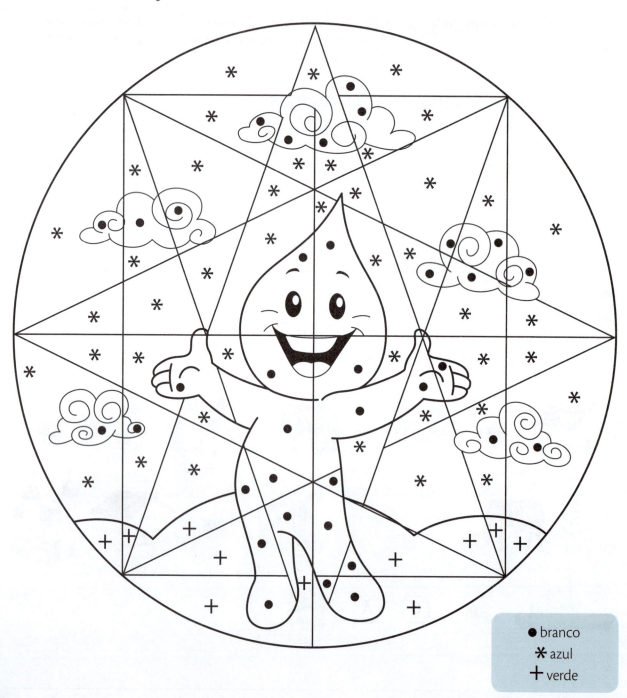

● branco
✱ azul
+ verde

Vamos nos movimentar e cuidar da postura

Entre os cuidados de que o corpo necessita para se manter saudável, um dos principais é a atividade física, que inclui brincadeiras e esportes.

Praticar atividades físicas melhora a circulação do sangue, evita o acúmulo de gordura no organismo, melhora a capacidade respiratória e estimula o bom humor.

▶ Pular corda e jogar bola são algumas atividades físicas que podemos praticar.

Brincar e aprender

1. Você pratica alguma atividade física? Caso não pratique, qual atividade gostaria de realizar? Faça mímica para demonstrá-la aos colegas e ao professor.

   Lembre-se: a mímica é uma forma de se expressar por meio de gestos, sem utilizar a fala.

Baú de informações

Brincalhões e sadios

As crianças indígenas são muito criativas na hora de brincar.

[...]

As meninas gostam de brincar de esconder e todos, todos mesmo, gostam de brincar de pega-pega em um riozinho. É a melhor hora do dia. É muito gostoso! [...]

▶ Crianças da etnia yawalapiti brincam em meio a revoada de borboletas à beira do Rio Tuatuari, no município de Gaúcha do Norte, Mato Grosso, 2013.

Quem não gosta de brincar na água? Todas as crianças que eu conheço gostam muito de água. Eu acho que é porque devemos ter algum parentesco com os peixes, principalmente as crianças...

Os índios também adoram água. E adoram porque suas aldeias são, geralmente, construídas próximas a algum rio. Então, os adultos incentivam as crianças a brincar na água, pois é uma brincadeira sadia, que ajuda a desenvolver a musculatura do corpo. [...]

Daniel Munduruku. *Coisas de índio: versão infantil*. 2. ed. São Paulo: Callis, 2010. p. 42-44.

1 Responda oralmente.

a) Do que você gosta de brincar?

b) Suas brincadeiras preferidas na escola e em casa são as mesmas?

c) De qual brincadeira mais agitada você gosta de participar? Depois de escolher sua preferida, compare com as dos colegas. Essa brincadeira foi escolhida por algum colega?

◈ Olha essa postura...

Entre os cuidados para manter a saúde também estão alguns relacionados com a postura. A postura é a posição do corpo que adotamos ao caminhar, ao sentar e ao carregar objetos.

Verifique a seguir alguns cuidados que devemos ter com a postura.

- A mochila não deve ser muito pesada, e é preciso carregá-la com o peso distribuído nos dois ombros, posicionando-a no meio das costas.

- Dobre as pernas ao levantar do chão um objeto pesado. Agache-se e depois se levante. Assim, você não forçará a coluna.

- Evite deixar as costas tortas ao sentar-se. A tela do computador deve ficar na altura ou um pouco abaixo dos olhos. Para cada duas horas de atividade no computador, faça um intervalo de 15 minutos.

- Ao se sentar no sofá, mantenha as costas no encosto e apoie os pés no chão.

Atividades

1 Pinte as imagens a seguir e depois marque um **X** na situação que mostra a menina sentada de modo correto.

a) ☐ b) ☐ c) ☐

2 Leia o texto e resolva as questões propostas no caderno.

Paratletas são exemplo de superação

Os Jogos Paralímpicos são competições realizadas a cada quatro anos, com atletas de diversos países. Elas ocorrem sempre no mesmo ano e local onde acontecem os Jogos Olímpicos, logo após o término deles.

▶ Atleta paralímpico disputa corrida em uma cadeira de rodas, na pista de atletismo.

Todos os paratletas apresentam algum tipo de deficiência: física, visual, auditiva ou mental. Eles competem em diversas modalidades – atletismo, natação, tênis de mesa e judô são alguns exemplos.

a) O que são paratletas?
b) Você concorda com o título do texto?
c) Copie do texto o trecho que indica o intervalo de tempo entre uma paralimpíada e outra.

Se há mais higiene, há mais saúde

Para ter uma vida saudável é preciso manter bons hábitos de higiene.

Observe as imagens a seguir e aprenda mais sobre hábitos de higiene.

▶ Lavar bem a louça é um hábito saudável que evita a contaminação dos alimentos.

▶ Além de tornar o hálito mais agradável, a escovação de dentes evita o acúmulo de alimentos neles, o que diminui a proliferação de microrganismos prejudiciais à saúde bucal.

▶ Muitas doenças são evitadas com o hábito de tomar banho diariamente.

▶ O hábito de lavar as mãos ao sair do banheiro e antes das refeições ajuda a prevenir doenças.

◈ Vivendo na limpeza

A higiene pessoal é muito importante para a saúde, pois é um dos meios de eliminar as impurezas que ficam no corpo e os microrganismos que podem causar doenças.

Microrganismos são seres muito pequenos, tão pequenos que chegam a ser muito menores que o ponto final desta frase, portanto não conseguimos vê-los a olho nu. Alguns deles podem provocar doenças.

Os microrganismos são tão pequenos que só podem ser vistos pelo microscópio.

▶ Microscópios como este da imagem são chamados de microscópios ópticos.

Vamos conhecer algumas maneiras de cuidar da higiene do corpo.

- ◆ É muito importante lavar as mãos antes das refeições e, principalmente, após usar o banheiro, para retirar microrganismos que podem causar **diarreia**, ou ovos de vermes que podem causar outras doenças.

Vocabulário

Diarreia: eliminação de fezes líquidas. A perda excessiva de líquidos pode ser muito prejudicial ao organismo.

- Com o banho é possível retirar a sujeira que fica grudada na pele e nos cabelos.

- Os animais de estimação podem transmitir doenças. É importante sempre higienizar o local onde estão as fezes e a urina deles, além de recolher os pelos soltos que se espalham pela casa. Não durma com o animal em sua cama nem dê beijos nele.

- Para impedir o acúmulo de sujeira embaixo das unhas das mãos e dos pés, é necessário cortá-las e limpá-las.

- A roupa não precisa ser bonita nem nova, mas deve estar sempre limpa. Isso inclui trocar a cueca ou a calcinha todos os dias após o banho e, claro, não se esquecer das meias também!

Para ir mais longe

Livros

▶ *Por que devo me lavar? Aprendendo sobre higiene pessoal*, de Claire Llewellyn. São Paulo: Scipione, 2002. Aborda a necessidade das práticas de higiene pessoal para manter a saúde.

▶ *A higiene*, de Françoise Rastoin-Faugeron. São Paulo: Escala Educacional, 2008. O livro apresenta práticas importantes de higiene e hábitos saudáveis, por meio de brincadeiras e adivinhações.

Sites

▶ *Lavar as mãos*. <http://cmais.com.br/castelo/lavar-as-maos>. Vídeo musical sobre a importância de lavar as mãos.

▶ *Tomando Banho*. <www.youtube.com/watch?v=Nq04QXs444w>. Vídeo que aborda hábitos de higiene e a importância da economia de água.

Na prática — Experimento

Objetivo

Verificar se lavamos as mãos corretamente.

Material:

- guache;
- bacia ou pia com água;
- papel-toalha;
- um avental de plástico ou camiseta velha.

Como fazer

1. Feche os olhos e "lave" as mãos com guache.
2. Verifique como suas mãos ficaram.
3. Agora, lave as mãos com água e sabonete.
4. Seque-as bem com papel-toalha.

1 Com base nos resultados dessa atividade, responda oralmente às questões.

   a) Quando você "lavou" as mãos com guache, todas as partes ficaram coloridas?

   b) Se o guache fosse água, suas mãos ficariam perfeitamente limpas após a lavagem?

   c) Você acha que precisa melhorar o modo de fazer a higiene das mãos?

   d) Qual é a importância de fazer a higiene correta das mãos?

Os dentes merecem bastante atenção

Os dentes são responsáveis pela mastigação. Depois de mastigados, os alimentos ficam pequenos e podem ser mais bem aproveitados pelo organismo.

Os microrganismos de que falamos antes também existem na boca. Se não escovarmos corretamente os dentes, os microrganismos se proliferam e causam a cárie, que aparece na forma de buracos nos dentes. Se o problema não for tratado, esses buracos aumentam de tamanho.

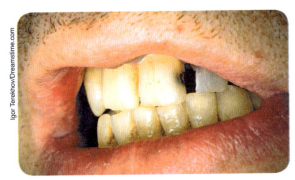

▶ Dentes prejudicados em razão do desenvolvimento da cárie.

Algumas atitudes são importantes para prevenir a formação da cárie. Veja a seguir algumas delas.

- Boa escovação dos dentes é essencial para mantê-los saudáveis. Utilize uma escova que não seja muito grande e de cerdas macias. Troque sua escova de dentes regularmente.

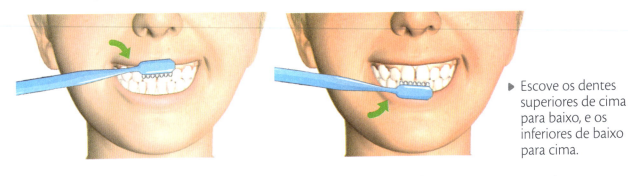

▶ Escove os dentes superiores de cima para baixo, e os inferiores de baixo para cima.

- Use o fio dental passando sempre a parte limpa entre os dentes.
- Tenha uma alimentação saudável e evite o consumo excessivo de alimentos açucarados – os microrganismos gostam muito deles!
- Visite o dentista regularmente.

Baú de informações

Durante a vida, as pessoas têm duas dentições: a dentição de leite, que surge aos 6 meses de idade e permanece até por volta dos 6 anos; e a dentição permanente, que surge por volta dos 6 anos e, se bem cuidada, dura a vida toda.

▶ Uma pessoa apresenta, em sua primeira dentição, 20 dentes e, na dentição permanente, 32 dentes.

Brincar e aprender

1 Ligue os pontos e descubra dois aliados de uma dentição saudável.

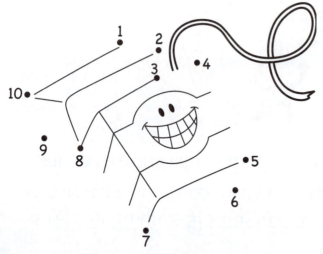 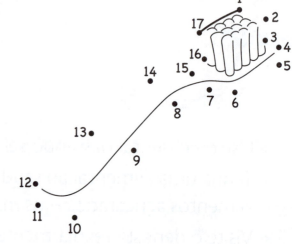

Valores e vivências

Para ser saudável, é preciso cuidar também do ambiente em que vivemos, conservando-o sempre limpo e arejado. O lixo deve ser recolhido e colocado para fora de casa, e também não se devem juntar entulhos, pois podem atrair bichos.

Além dos cuidados com nosso corpo e com nossa casa, devemos também estar atentos aos cuidados com o ambiente da rua, do bairro e da cidade em que vivemos.

▶ O lixo deve ser colocado para fora de casa, em lixeiras.

▶ Recolha as fezes dos animais de estimação.

Para ir mais longe

Site
▶ *Jogo da escova do Larição*. <http://tvratimbum.cmais.com.br/jogos/habilidade/jogo-da-escova-do-laricao>.
Divirta-se limpando os dentes do cachorro Larição.

Filme
▶ DVD *Bala de coco e dente de leite*. Coleção Castelo Rá-Tim-Bum, n. 5. Vídeo Cultura.
Vídeo que aborda a questão dos cuidados com os dentes.

Atividades

1 Observe a imagem ao lado e responda:

a) Qual é a importância de tomar banho diariamente?

_____

_____

b) Além do banho, que outros hábitos de higiene devemos ter com:

• as unhas?

_____

• as roupas?

_____

_____

2 Pensando na saúde do menino dessa imagem, o que você diria para ele?

_____

_____

_____

3 Observe a situação a seguir.

a) Explique o erro que o menino cometeu nessa história.

_____

_____

b) O que ele deveria ter feito?

___

4 Encontre no diagrama de palavras as respostas para as seguintes perguntas.

a) Quantas dentições as pessoas têm ao longo da vida?

b) Qual é o nome da primeira dentição?

c) Qual é a função dos dentes no processo de alimentação?

d) Qual é o nome da segunda dentição?

```
B X W Y O N U L I S X
M A S T I G A Ç Ã O L
V O P L N R S G A E A
A E A G R M Z L P O V
A B D I O R T U V X U
T R F D E L E I T E U
M A R U D U A S H N B
X S I L U N O Y W X B
V E T I E L E D F R T
B P E R M A N E N T E
B N H S A U D A R A M
```

5 A imagem mostra uma menina que usa um aparelho ortodôntico.

O aparelho ortodôntico é usado para corrigir a posição dos dentes.

a) Você já usou ou conhece alguém que tenha usado um aparelho ortodôntico?

___

b) Em sua opinião, é adequado alguém usar aparelho ortodôntico sem a orientação de um especialista? Por quê?

___
___
___
___

Brincar e aprender

Vamos adotar atitudes saudáveis?

Para realizar esta atividade, a turma precisará de: um dado, bolinhas coloridas de papel para marcar a posição dos jogadores e um lápis.

Começa o jogador que tirar o maior número ao lançar o dado.

As respostas dos desafios estão na página 51 do livro, mas, para garantir a diversão, não leia as respostas antes da hora!

Se seu desafio não tiver sido cumprido corretamente, retorne de onde saiu antes de jogar o dado.

1. Atividade física faz bem à saúde.
2. Faça uma mímica para representar uma pessoa escovando os dentes.
3. Escova de dentes, fio dental e visitas ao dentista são fundamentais para o cuidado dos dentes. Avance duas casas.
4. DESAFIO! Podem ser consideradas atividades físicas:
a) brincadeiras.
b) prática de esportes.
c) os dois.
5. Após práticas esportivas, devemos nos limpar, nos alimentar e descansar adequadamente. Descanse nesta casa durante uma rodada.
6. Você se esqueceu de escovar os dentes após as refeições. Retorne quatro casas.
7. Faça uma mímica para representar seu esporte predileto.
8. Parabéns! Você se senta com as costas apoiadas na cadeira e os dois pés totalmente no chão. Permaneça na casa.
9. DESAFIO! Ao se sentar, você deve:
a) apoiar as costas inteiras na cadeira.
b) não encostar os pés no chão.
c) manter as pernas cruzadas.
10. Você não se sentou corretamente na cadeira. Retorne duas casas.

46

Um pouco mais sobre...

Acidentes acontecem e prejudicam a saúde das pessoas. Para obter mais informações sobre esse assunto, leia as orientações e observe as ilustrações a seguir. É sempre bom prevenir!

Prevenção de acidentes

Nunca ponha a mão em tomadas e em fios soltos e desencapados, você pode levar um choque!

Não mexa em produtos de limpeza e remédios, pois são perigosos e só os adultos podem manipulá-los.

Não coloque objetos na boca. Você pode se machucar.

Atravesse a rua sempre na faixa de pedestres e, quando andar de carro, use o cinto de segurança. Lembre-se: criança de até 10 anos deve sentar-se no banco de trás!

Praia e piscina só acompanhado por um adulto responsável!

Fique longe do fogão, de panelas quentes e nunca mexa com fogo.

Use sempre os equipamentos de segurança indicados para o esporte escolhido, como capacete, joelheiras e cotoveleiras.

Não mexa com facas, agulhas e tesouras pontiagudas. Use sempre tesoura sem ponta ou peça ajuda a um adulto.

Não empine pipa perto de fios elétricos, é muito perigoso. Vá a parques e locais abertos, é mais seguro.

1 Você já sofreu algum tipo de acidente? Em caso afirmativo, conte onde e como foi.

2 Em sua opinião, adotar alguns cuidados pode evitar acidentes?

Revendo o que você aprendeu

1 Observe as situações a seguir e faça o que se pede.

a) Em qual das situações as crianças estão sentadas de modo adequado? Por quê?

_____

_____

b) O que pode acontecer com as crianças que estão sentadas de forma inadequada?

_____

_____

2 Faça dois desenhos que mostrem cuidados necessários para manter o corpo saudável.

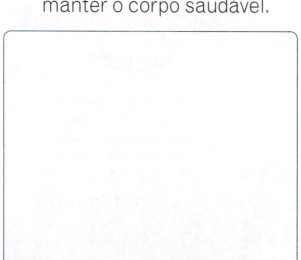 

3 Marque **V** para as frases verdadeiras e **F** para as falsas.

a) ☐ A cárie é uma doença que destrói os dentes.

b) ☐ Escovar rapidamente os dentes uma vez ao dia é suficiente para mantê-los saudáveis.

c) ☐ Devemos lavar as mãos sempre antes de comer e depois de ir ao banheiro.

d) ☐ Não há nenhum problema em comer o alimento depois que ele caiu no chão.

e) ☐ As vacinas nos protegem de todas as doenças.

4 Analise as imagens e leia a frase. Em sua opinião, o que as imagens e a frase informam sobre saúde? Responda oralmente.

Use a energia de seu corpo, esqueça um pouco as máquinas!

Respostas dos desafios do jogo das páginas 46 e 47.
- Casa **4** – Alternativa **c**.
- Casa **9** – Alternativa **a**.
- Casa **13** – Alternativa **a**.
- Casa **19** – Alternativa **c**.

CAPÍTULO 3
Os alimentos em nossa vida

Observe as ilustrações a seguir.

Diálogo inicial

1. Com qual dos personagens você se identifica? Por quê?
2. Qual é seu alimento preferido?
3. Que alimentos você consome no café da manhã?
4. Você já sentiu vontade de comer algo só porque sentiu o cheiro durante o preparo?

Comer para quê?

Todos os seres vivos precisam se alimentar. Os alimentos são muito importantes para o desenvolvimento do corpo e para manter a saúde.

É necessário variar o tipo de alimento que ingerimos e comer em quantidade suficiente para garantir nossa saúde. O ideal é fazermos três refeições – café da manhã, almoço e jantar – e dois lanches saudáveis por dia.

Na alimentação saudável há vegetais, por exemplo, arroz, feijão, milho, lentilha, soja, alface, couve, abóbora (jerimum), mandioca (macaxeira ou aipim), batata e frutas em geral. Carnes, ovos, leite e queijo são de origem animal e fazem muito bem à saúde se não forem consumidos em excesso.

▶ Ao comer frutas com casca e outros alimentos crus, lave-os muito bem (com a orientação de um adulto).

▶ O feijão é um alimento muito nutritivo e deve ser consumido cozido.

▶ As saladas são muito saudáveis e importantes para que todo o organismo funcione melhor.

No entanto, devem ser evitados alguns alimentos: balas, pirulitos, refrigerantes, frituras, entre outros. Em excesso esses alimentos podem prejudicar o crescimento, fazer as pessoas engordarem e facilitar o aparecimento de cáries.

Outro hábito importante é beber água. Geralmente, a quantidade de água que devemos tomar diariamente é oito copos (cerca de 2 litros). Mas, se o tempo estiver muito quente e seco, e se tivermos realizado alguma atividade física, essa quantidade deve ser maior.

Os alimentos e seus nutrientes

Os alimentos são diferentes também quanto à composição. Alguns deles são ricos em **proteínas**, como a carne, o feijão e os ovos. As proteínas são nutrientes essenciais para nosso crescimento.

Outros alimentos, como as massas, a batata, o arroz e os doces, são ricos em **carboidratos**. Os carboidratos fornecem a energia necessária para realizarmos diversas atividades.

As frutas, os cereais, os legumes e as verduras são fontes de **vitaminas** e **sais minerais**. Eles são essenciais para manter o bom funcionamento do nosso organismo.

> **Olho vivo!**
>
> As vitaminas que encontramos nos alimentos são identificadas por letras: A, B, C, D, E e K.

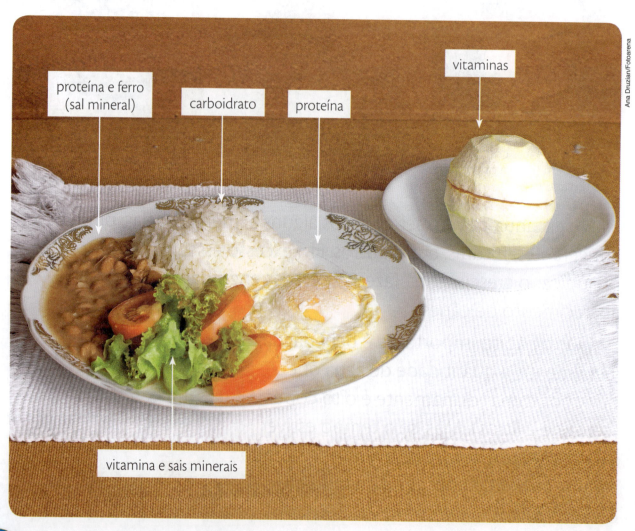

proteína e ferro (sal mineral) — carboidrato — proteína — vitaminas — vitamina e sais minerais

Outros alimentos são fontes de **gorduras**, encontradas principalmente nos óleos, na margarina, no coco e no amendoim. As gorduras fornecem energia para a realização de atividades e auxiliam na manutenção da temperatura do corpo.

Atividades

1 Observe as legendas abaixo. Escreva em cada quadrinho o número que corresponde ao principal nutriente de cada alimento.

proteína (1)   carboidrato (2)   gordura (3)

2 Identifique os nutrientes por suas funções.

a) Fornecem energia: _____

b) São essenciais na composição do organismo, auxiliando no crescimento: _____

c) Ajudam a manter a temperatura do corpo: _____

d) Ajudam a manter o bom funcionamento do organismo: _____

Brincar e aprender

1 Siga as indicações de cores e pinte o desenho. Surgirá uma fruta que tem bastante água, substância essencial para a vida.

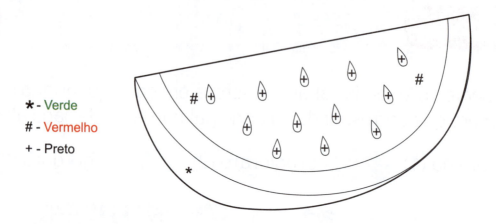

* - Verde
# - Vermelho
+ - Preto

◆ Agora responda: Que fruta é essa?

_____

 ## Para ir mais longe

Livro

▶ *Amanda no país das vitaminas*, de Leonardo Mendes Cardoso. São Paulo: Editora do Brasil, 2000. Amanda é uma menina que frequentemente adoece por causa de sua alimentação pouco saudável. Um dia, ela cai na gaveta de verduras da geladeira e descobre um novo mundo.

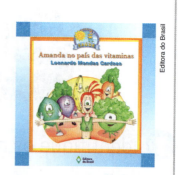

Sites

▶ *Jogo das comidas*. <www2.tvcultura.com.br/aloescola/infantis/brincarebom/jogos-comidas.htm>. Jogo no qual é preciso separar os alimentos, classificando-os como: doces, frutas, legumes etc.

▶ *Teste de alimentação*. <http://nutricao.saude.gov.br/teste_alimentacao.php> Teste com 18 perguntas para conferir como é sua alimentação.

Baú de informações

Cada animal tem um tipo de alimentação

Cada animal tem preferência por certo tipo de alimento e um modo diferente de se alimentar. Por exemplo, o bem-te-vi se alimenta de frutas, a onça-pintada alimenta-se de outros animais, e o tamanduá, de cupins e formigas.

23 cm de altura

2 m de comprimento

2 m de comprimento

1,5 m de comprimento

5 mm de comprimento

▶ O bem-te-vi se alimenta de frutos, como o figo.

▶ A onça-pintada se alimenta de outros animais, como o veado.

▶ O tamanduá-bandeira se alimenta de insetos, como a formiga.

Isso ocorre porque eles são **adaptados** a comer certos tipos de alimento, ou seja, o corpo deles está mais preparado para alguns tipos de alimento.

Vocabulário

Adaptado: ajustado ao ambiente em que vive.

Valores e vivências

Os seres humanos fazem parte de um grupo que pode comer praticamente tudo: frutas, verduras e carne.

Apesar de termos uma dieta muito variada, nosso organismo também se adaptou, isto é, ajustou-se durante muitos e muitos anos a certos tipos de alimento, como verduras, carnes, grãos etc.

No entanto, muitas pessoas têm mudado seus hábitos alimentares; elas deixaram de comer frutas e verduras e passaram a consumir de maneira exagerada outros tipos de alimento. Veja a situação a seguir.

Muitas vezes o brinde, nos leva a comprar alimentos que não fazem bem à saúde.

Aqui há açúcar demais.

Aqui colocaram bastante sal.

Há muito óleo nesta comida.

Aqui há muito açúcar

Em excesso, o sal, o açúcar e a gordura provocam doenças como a **obesidade**, que se estabelece quando a pessoa engorda mais do que deveria. Capriche na alimentação e mantenha sua saúde em dia.

Na prática

Objetivo
Preparar uma deliciosa salada de frutas.

Como fazer

1. Traga para a sala de aula uma fruta que seja fácil de encontrar onde você mora.
2. O professor cortará as frutas, e você e seus colegas vão misturá-las em uma vasilha.

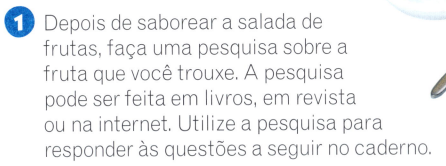

1 Depois de saborear a salada de frutas, faça uma pesquisa sobre a fruta que você trouxe. A pesquisa pode ser feita em livros, em revista ou na internet. Utilize a pesquisa para responder às questões a seguir no caderno.

a) Como é a planta de onde essa fruta foi colhida?
b) Em qual período do ano ela é facilmente encontrada?
c) Como pode ser aproveitada (com casca, descascada, em conserva, em suco etc.)?
d) Por que ela é saudável?

2 No dia marcado pelo professor, traga o resultado da pesquisa para a escola. Converse com os colegas e conheça um pouco sobre as outras frutas da salada.

Olho vivo!

Ao preparar qualquer refeição, devemos antes lavar as mãos e, se for o caso, prender os cabelos.

Atividades

1) Assinale **C** para as frases certas e **E** para as frases erradas. Depois, reescreva as frases que estão incorretas de modo a torná-las corretas.

a) ◯ Os alimentos são importantes para manter a saúde.
b) ◯ Devemos comer sempre o mesmo tipo de alimento por ser mais saudável.
c) ◯ Precisamos variar o tipo de alimento consumido.
d) ◯ Alguns alimentos fornecem energia para a realização de nossas atividades.
e) ◯ Devemos ingerir grandes quantidades de comida.
f) ◯ Precisamos consumir alimentos de qualidade.

_____
_____

2) Qual das duas fotografias representa a alimentação mais adequada para uma refeição saudável (almoço ou jantar)? Escreva uma frase sobre o motivo de você considerá-la a mais saudável.

_____
_____

3) Em uma folha à parte, cole imagens de alimentos que representam uma refeição saudável. Você pode procurar essas imagens em folhetos de supermercado ou revistas.

Alimentos industrializados

Alguns produtos não precisam ser transformados pelos seres humanos para ser consumidos. Esse é o caso de frutas e verduras, por exemplo.

No entanto, diversos alimentos que consumimos e muitos outros produtos que usamos diariamente passam por um processo industrial, que os transforma em outros produtos. Observe o exemplo da indústria alimentícia.

▶ 1. As maçãs são retiradas das macieiras, de onde nascem.

▶ 2. Em seguida, são levadas para as fábricas e são transformadas em sucos embalados.

▶ 3. As embalagens de suco são levadas para os mercados, onde compramos muitos dos produtos que consumimos no dia a dia.

Para ir mais longe

Livros

▶ *Do campo à mesa: o caminho dos alimentos*, de Teddy Chu. São Paulo: Moderna, 2012. Esse texto mostra o caminho dos alimentos da sua origem à mesa, abordando o trabalho dos agricultores.

▶ *A invenção da pipoca*, de Claudia Câmara. São Paulo: Biruta, 2009. Nesse livro, o aluno encontrará a divertida história da invenção da pipoca.

Baú de informações

Prazo de validade

Além de observar o estado de conservação dos produtos industrializados, é necessário estar atento ao prazo de validade anotado na embalagem desses produtos.

O prazo de validade é a data máxima até a qual o alimento é considerado adequado para consumo. Esse prazo é indicado pelo fabricante.

Alimentos estragados ou fora do prazo de validade, se ingeridos, podem causar sérios problemas ao organismo. Um alimento estragado muitas vezes pode ser identificado pela mudança da cor e do cheiro, entre outros aspectos. É importante também verificar se a embalagem não está amassada, enferrujada, aberta ou estufada. Nesses casos, os produtos não devem ser consumidos.

▶ Exemplo de etiqueta de validade no rótulo de um produto.

1 Escolha uma embalagem de produto que contenha a data de fabricação e o prazo de validade. Depois, responda às questões a seguir.

a) Qual é o nome do produto?

_____

b) Qual é a data de fabricação e o prazo de validade dele?

_____

c) Por que é importante verificar a data de validade do produto?

_____

_____

Fazendo misturas na cozinha

Muitas misturas podem ser percebidas no dia a dia de um cozinheiro. Verifique dois exemplos.

▶ Água morna, sal, ovo, açúcar, óleo, farinha de trigo e fermento biológico são ingredientes que devem ser misturados na proporção certa para fazer um pão.

▶ Água e sal formam uma mistura para o preparo de arroz.

Você percebeu que, no preparo dos dois alimentos mostrados acima, foram feitas misturas que usam água. A água é muito importante na cozinha, pois, além de ser usada na limpeza, é necessária no preparo de muitos alimentos.

A água ajuda a cozinhar o alimento, como o arroz. Ela também faz com que o alimento amoleça, como o feijão, deixado de molho antes do cozimento.

Por se misturar com muitas substâncias, a água é denominada **solvente universal**.

Vamos agora testar substâncias que fazem parte de nosso dia a dia verificando se elas se dissolvem ou não na água?

Vocabulário

Solvente universal: solvente é uma substância que pode dissolver outra. Um solvente universal – como a água – é capaz de dissolver muitas substâncias.

Na prática — Experimento

Objetivo

Observar que algumas substâncias se misturam com a água, e outras, não.

Olho vivo!

A atividade deve ser supervisionada por um adulto.

Material:

- 4 colheres (sopa);
- 4 copos com água;
- vinagre;
- sal;
- açúcar;
- óleo.

Como fazer

1. Coloque o vinagre em uma colher e misture-o com a água de um dos copos.
2. Mexa bem e observe o que acontece.
3. Repita o procedimento com os outros ingredientes, cada um em um copo.

1 Com base nos resultados da atividade, responda às questões a seguir.

a) Ao colocar cada item na água, o que você percebeu?

_____

_____

b) Qual item misturou-se menos com a água?

_____

c) Quais dessas misturas você já viu alguém preparar em sua casa?

_____

◈ Separando alimentos na cozinha

Você já viu alguém preparando feijão? O que se faz primeiro, antes de cozinhá-lo? Na fotografia, a mulher separa os grãos de feijão por meio de um método denominado **catação**.

Há outro método de separação de misturas, chamado **filtração**. É o método utilizado ao preparar café.

▶ Mulher separando os grãos de feijão estragados daqueles que serão preparados.

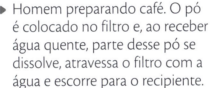

▶ Homem preparando café. O pó é colocado no filtro e, ao receber água quente, parte desse pó se dissolve, atravessa o filtro com a água e escorre para o recipiente.

Outro exemplo de separação dos componentes de uma mistura se dá na obtenção de sal da água do mar. Nesse caso, a água evapora, ou seja, torna-se vapor, e o sal fica no local. Essa técnica de separação de componentes da mistura denomina-se **evaporação**.

▶ Extração de sal marinho na salina de Lagoa Vermelha, município de Araruama, Rio de Janeiro, 2013.

Atividades

1 Observe as imagens abaixo. Depois, complete o quadro indicando se os ingredientes se misturam completamente ou não.

▶ Água.   ▶ Óleo.   ▶ Açúcar.   ▶ Sal.

Misturas	Resultado
água e óleo	
água e açúcar	
açúcar e sal	

2 Há vários processos de separação de misturas. Identifique que processo está indicado em cada frase.

a) Misturei água com abacaxi moído para fazer um doce. Depois passei a mistura por um coador de pano. _____

b) Comprei arroz, mas ele veio com algumas sujeiras que precisei retirar antes de cozinhar. _____

c) Quis fazer um amendoim salgado. Misturei água com sal e joguei sobre o amendoim. Levei ao forno e esperei até a água secar. _____

3 Observe as sequências de fotografias e responda às questões.

- **Sequência 1**

- **Sequência 2**

a) O que aconteceu em cada sequência de imagens?

_____

_____

b) Além dos ingredientes serem diferentes em cada sequência de imagens, que outra diferença é possível perceber?

_____

_____

c) Mencione um exemplo de mistura que você faz no dia a dia, na qual os componentes não ficam separados, ou seja, eles se misturam completamente.

_____

_____

Revendo o que você aprendeu

1 Escreva três hábitos e atitudes importantes para uma alimentação saudável.

_____

_____

_____

2 Magali resolveu fazer um piquenique e preparou uma cesta com alimentos. Observe a imagem e faça o que se pede.

Disponível em: <www.turmadamonica.uol.com.br/tirinhas/index.pap?a=17> Acesso em: 17 jul. 2015.

a) Escreva o nome de três alimentos que ela levou.

_____

b) Escreva o nome de um dos alimentos que ela levou que seja considerado mais saudável.

_____

c) Escreva o nome de um dos alimentos que ela levou que deve ser consumido sem exageros.

_____

3 O que pode acontecer a uma pessoa que consome alimentos guardados ou manuseados sem cuidados de higiene?

_____

4 Observe a imagem de uma embalagem e complete as lacunas com as informações sobre ela.

a) Nome do produto: _____

b) Data de fabricação: _____

c) Data de validade: _____

d) Origem:

- ☐ animal
- ☐ industrial
- ☐ vegetal
- ☐ natural

5 Escreva a palavra que completa cada frase.

a) Do que nos alimentamos para sobreviver. _____

b) Processo de separação de mistura que possibilita preparar o café usando um filtro: _____

c) É usado como tempero em vários alimentos, tornando-os mais saborosos. Dica: pode ser obtido da água do mar: _____

d) Processo de separação de mistura que possibilita separar o feijão de suas impurezas: _____

e) Nome dado à água por se misturar com muitas substâncias: _____

f) Processo de separação de mistura que possibilita temperar a carne que está assando no forno colocando água com sal sobre ela e aguardando a água secar e o sal realçar o sabor da carne: _____

CAPÍTULO 4
Percebendo o mundo

Diálogo inicial

1. Na cena, as pessoas parecem sentir que cheiros?

2. Indique situações da cena nas quais fique bem claro que os torcedores usaram a visão e que alguém sentiu algum gosto.

3. Um torcedor é cego e está no estádio. De que maneiras ele pode perceber que o Brasil marcou um gol?

Modos de perceber o ambiente

As pessoas conseguem perceber o mundo de várias maneiras.

▶ Percebemos o ambiente ao ouvir o uivo de um lobo, cheirar uma flor, observar as aves, comer uma melancia ou tocar um urso de pelúcia.

As situações mostradas são exemplos de pessoas em contato com o ambiente. É um modo de conhecer o mundo que está ao redor delas e de se relacionar com ele.

Para perceber o mundo usamos os sentidos. Os cinco sentidos são: **visão**, **audição**, **olfato**, **gustação** e **tato**. Para cada sentido há um órgão principal responsável por perceber os sinais do ambiente. Que partes do corpo as pessoas costumam usar para sentir os elementos que estão à volta delas?

Primeiro, vamos falar de estímulo. Estímulo é aquilo que provoca uma **resposta** do organismo.

Veja o exemplo.

- Ao ouvir o som do chocalho, o bebê responde ao estímulo querendo pegá-lo.

- Ao enxergar o chocalho, o bebê responde olhando para ele.

As partes do corpo que percebem o estímulo são os órgãos dos sentidos. Os estímulos são interpretados por nós, possibilitam-nos sentir cheiros, texturas e gostos, ver e ouvir.

Quais são os órgãos dos sentidos?

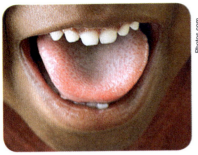
▶ A língua é o órgão do sentido da **gustação**.

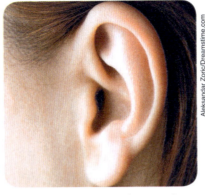
▶ As orelhas são os órgãos do sentido da **audição**.

▶ A pele é o órgão do sentido do **tato**.

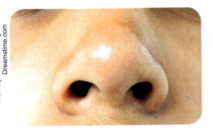
▶ O nariz é o órgão do sentido do **olfato**.

▶ Os olhos são os órgãos do sentido da **visão**.

Às vezes, usamos mais um sentido do que o outro, mas eles podem ser usados de forma integrada, como no caso da tentativa de descobrir o que existe dentro de uma caixa fechada. Podemos ver, cheirar, ouvir o barulho do objeto e ainda senti-lo pelo tato.

Para ir mais longe

Livro
▶ *Dudu da Breka*, de Claudia Cotes. São Paulo: Fundação Dorina Nowill para Cegos, 2010. Narra a história de um menino que fica cego logo após nascer e que passa a explorar os outros sentidos para conhecer o mundo.

Sites
▶ *A máquina dos sentidos*. <http://discoverykidsbrasil.uol.com.br/jogos/a-maquina-dos-sentidos>. Jogo sobre os cinco sentidos.

▶ *Cinco sentidos*. <www.escolagames.com.br/jogos/cincoSentidos>. Uma maneira divertida de aprender conceitos básicos sobre cada um dos cinco sentidos e de testar o aprendizado com um jogo divertido de perguntas.

Na prática

Objetivo

Perceber os elementos e o meio que nos cerca por meio dos sentidos.

Como fazer

1. O professor organizará um passeio pelas dependências da escola. Para que essa atividade seja bem aproveitada, é necessário fazê-la em silêncio.
2. Você deve observar, durante o passeio, o maior número possível de detalhes.
3. Registre, no quadro, tudo o que perceber.

Eu vi	Eu ouvi
Eu senti cheiro de	**Eu toquei**

4. Ao término do passeio, na sala de aula, cada aluno contará o que percebeu. Compare suas anotações com as dos colegas.

1 Quais são as diferenças e semelhanças entre as anotações?

_____

2 Qual das formas de perceber o ambiente você mais utilizou?

_____

Atividades

1 Observe na paisagem representada a seguir como as pessoas percebem o que acontece à sua volta.

Agora relacione os estímulos às partes do corpo capazes de percebê-los.

a) o cheiro das flores
b) o sabor da pipoca
c) o canto dos pássaros
d) a maciez do pelo do cachorro
e) o anúncio luminoso

- pele
- nariz
- língua
- olhos
- orelhas

2 Os sentidos são importantes para percebermos o ambiente? Justifique sua resposta.

_____

_____

3 Recorte as figuras dos órgãos dos sentidos da página 185. Cole-as no boneco. Depois recorte as legendas e cole-as ao lado da parte à qual cada uma se refere.

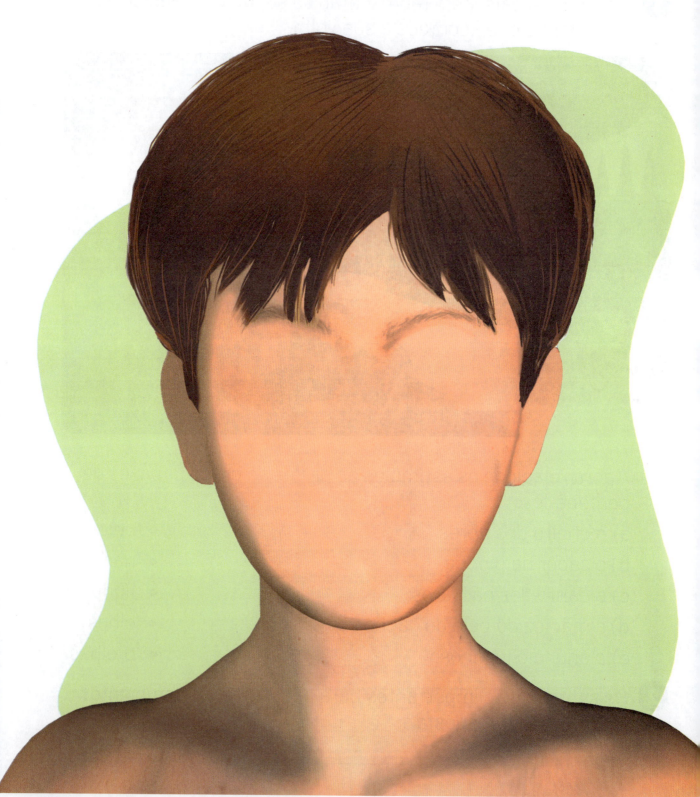

◆ Visão

Podemos enxergar o mundo que nos cerca por meio da visão. Os **olhos** são responsáveis pela visão e se localizam na face.

As pessoas podem ter olhos com formas, cores e tamanhos diferentes.

  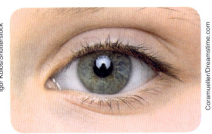

▶ Os olhos podem ser castanhos, azuis ou verdes.

≫ Os olhos

Observe na imagem a seguir, as partes do olho e suas funções.

As **sobrancelhas** protegem os olhos do suor da testa.

Os **cílios** protegem os olhos da poeira.

No centro da íris, há uma pequena região preta chamada **pupila**. É por meio dela que a luz entra nos olhos.

Os olhos têm uma parte colorida chamada **íris**. As cores mais comuns são castanho, azul e verde.

As **lágrimas** também limpam e deixam os olhos sempre úmidos. Isso é importante, porque os olhos são muito sensíveis.

As **pálpebras** ajudam a proteger os olhos, pois limpam a sujeira que chega até eles.

❯ Olhos bem cuidados

Para que os olhos se mantenham saudáveis, são necessários alguns cuidados. Por exemplo:

- evite esfregá-los – eles são sensíveis e podem se ferir nesse movimento;
- não coloque as mãos sujas nos olhos, pois elas podem contaminá-los com microrganismos que causam doenças;
- não olhe diretamente para o Sol; a luz intensa pode danificar a visão;
- não encoste nenhum objeto nos olhos, pois isso pode prejudicá-los;
- evite ler em ambientes pouco iluminados e ficar muito perto da tela da televisão ou do computador;
- consulte regularmente um oftalmologista – que é o médico especialista em olhos.

Baú de informações

Os meus amigos óculos

As lentes dos óculos corrigem problemas de visão. Para cada problema, há um tipo de lente. Por exemplo, uma pessoa que não enxerga bem o que está distante usa uma lente própria para essa situação.

Nada de sentir vergonha de usar óculos! Eu uso e me acho linda!

▶ O diagrama apresentado na fotografia é um exame muito utilizado por médicos para avaliar a visão dos pacientes.

Valores e vivências

Grandes ajudas: o sistema braile e os cães-guias

Há pessoas que não conseguem enxergar, mesmo usando óculos. Elas percebem o mundo pelos outros sentidos, em especial o tato.

▶ Globo terrestre em alto-relevo para aula de Geografia.

Para ler, as pessoas com deficiência visual usam um método chamado braile, que é um sistema de escrita com pontos em relevo. Várias combinações desses pontos formam letras, números e imagens. Assim, as pessoas que não enxergam podem ler usando a ponta dos dedos.

O cão-guia é um animal treinado para guiar pessoas que não conseguem enxergar. Elas podem confiar nele para ser orientadas por onde podem caminhar. Enquanto o animal ajuda uma pessoa, é muito importante não distraí-lo; portanto, não devemos brincar com ele nesses momentos.

▶ Mulher deficiente visual caminhando na calçada com seu cão-guia.

1 Troque ideias com seus colegas e responda oralmente.

a) Explique como os outros sentidos podem ajudar uma pessoa com deficiência visual a realizar suas atividades normalmente.

b) Por que o auxílio de um cão-guia pode ser importante para uma pessoa com deficiência visual?

c) Em sua opinião, o mundo está adaptado a quem apresenta deficiência visual?

Atividades

1 Reúna-se com um colega, observe os olhos dele e desenhe-os no espaço a seguir. Compare o desenho com a fotografia da página 77. Identifique as partes do olho.

2 Preencha o diagrama de palavras.
1. Sentido que nos possibilita enxergar o mundo.
2. Orifício do centro da íris.
3. Protegem os olhos do suor.
4. Encontrados nas pálpebras; protegem os olhos de poeira.
5. Parte colorida dos olhos.

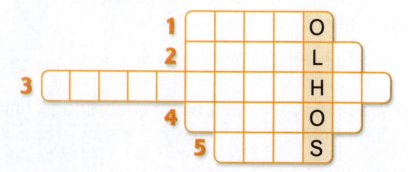

3 Pinte os ☐ das frases que indicam os cuidados que você deve ter com os olhos.

a) ☐ Leia em ambiente com iluminação adequada.
b) ☐ Não esfregue os olhos com a mão suja.
c) ☐ Veja televisão bem perto do aparelho.
d) ☐ Não coloque nada dentro dos olhos.
e) ☐ Olhe diretamente para o Sol.

4 O que é o método braile?

_____

_____

5 O pai de Logan está ensinando o filho a ler!

A Vida com Logan
Flavio F. Soares

Disponível em: <www.avidacomlogan.com.br/index.php/2012/08/16/progressos>. Acesso em: 20 jan. 2015.

a) Qual sentido nós usamos para ler?

_____

b) Como se chamam as lentes que o menino tem diante dos olhos?

_____

c) Sem elas, ele teria mais dificuldade ou mais facilidade para ler?

_____

◈ Audição

A audição é o sentido que nos possibilita ouvir os diferentes sons do ambiente. Por meio dela podemos ouvir o canto dos pássaros, vozes, músicas, carros, o toque de um telefone e muitos outros sons.

As **orelhas** são responsáveis pelo sentido da audição.

Há nelas uma parte externa e uma parte interna. A parte externa recebe os sons do ambiente, e seu formato em concha é adequado para isso. Quando queremos ouvir melhor, até colocamos a mão atrás da orelha, não é mesmo?

Dentro da orelha há um canal, no qual é comum haver cera e pelos, que ajudam a evitar a entrada de poeira e de microrganismos.

▶ Detalhe da parte externa da orelha.

≫ Cuidados com as orelhas

As orelhas também precisam de cuidados para se manterem saudáveis e limpas. Durante o banho lave-as com água e sabão na região externa, secando-as com a toalha.

Mas atenção para alguns cuidados especiais:
- mantenha as orelhas limpas sem usar hastes flexíveis;
- nunca coloque objetos no canal da orelha;
- evite escutar música com fones de ouvido;
- não fique em lugares muito barulhentos nem escute música em volume muito alto.

Brincar e aprender

1 Que tal construir um instrumento que produza som? Você vai precisar de uma garrafa PET pequena e com tampa, pedrinhas ou grãos e materiais para enfeitar sua garrafa, como fita ou cola colorida. Coloque os objetos dentro da garrafa e tampe-a bem. Enfeite sua garrafa com os materiais escolhidos e brinque com os colegas produzindo diferentes tipos de som.

1

2

3

Agora responda oralmente às questões a seguir.

a) Qual sentido possibilita ouvir os sons produzidos por sua garrafa?

b) Quais são os órgãos responsáveis por esse sentido?

c) Você consegue se orientar usando apenas a audição? Feche os olhos e peça a um colega que sacuda a garrafa. Tente descobrir:

- de qual direção (da frente, de trás, do lado direito, do lado esquerdo) veio o som?

- de qual distância (de perto ou de longe)?

Baú de informações

Deficiência auditiva

Há pessoas que ouvem pouco, e outras que não ouvem nenhum tipo de som. Para quem ouve pouco, há aparelhos que podem ajudar a ouvir melhor.

Os surdos são pessoas que perderam totalmente a audição ou já nasceram assim. Para eles, ainda não há aparelhos reparadores. Mas essa dificuldade não impede que levem uma vida normal, pois eles buscam maneiras diferentes de se comunicar. Alguns surdos leem os lábios das pessoas para entender o que dizem. Outra ferramenta conhecida é a Língua Brasileira de Sinais (Libras).

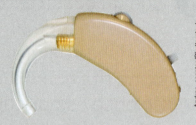

▶ Aparelhos auditivos como este medem cerca de 5 cm.

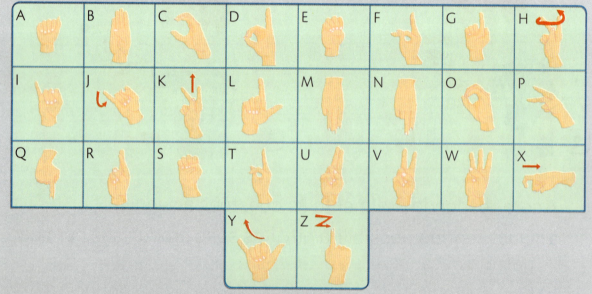

▶ Alfabeto da Língua Brasileira de Sinais (LIBRAS).

Para ir mais longe

Site
▶ *Dicionário da Língua Brasileira de Sinais.* <www.acessobrasil.org.br/libras>. Assista a um vídeo com a representação de diversas palavras em Libras.

Atividades

1 Pinte os ⬚ cujas palavras representam o que podemos ouvir.

a) música   c) cores   e) conversa

b) canções   d) toque do telefone   f) escritas

2 Coloque **V** para as frases verdadeiras, e **F** para as frases falsas.

a) ⬚ Pela audição percebemos os sons.

b) ⬚ O órgão responsável pela audição é a orelha.

c) ⬚ As orelhas estão na frente da cabeça.

d) ⬚ As orelhas precisam de cuidados especiais.

e) ⬚ Devemos escutar música em volume alto.

3 Marque um **X** nos quadrados das imagens que mostram atitudes corretas de cuidados com as orelhas.

a)

c)

b)

d)

Vou embora daqui!

◆ Olfato

Imagine que alguém ofereça a você um lanche. Sua visão o informa que ele parece bem gostoso. Contudo, antes de responder "sim", você sente o cheiro do alimento, que não é agradável. Você aceita ou não?

Essa situação ilustra bem a noção de que o olfato, apesar de despertar sensações agradáveis, como ao sentirmos o perfume de uma flor e o aroma do prato preferido, também é fundamental para livrar o organismo de alguns perigos.

Na situação acima, a comida poderia estar estragada, não é mesmo? Portanto, o olfato está relacionado com nossa saúde.

Veja as cenas a seguir.

O cheiro chega até o nariz pelo ar e entra nele por aberturas denominadas narinas. Dentro do nariz há estruturas olfativas que percebem esse cheiro.

Além de ser o órgão do olfato, o **nariz** é responsável por filtrar, umedecer e aquecer o ar que entra por ele. Essas ações são importantes porque facilitam a respiração e evitam doenças trazidas pelo ar sujo. Portanto, devemos procurar sempre respirar pelo nariz.

≫ Cuidados com o nariz

Devemos adotar alguns cuidados especiais com o nariz para mantê--lo limpo e assim preservar nossa saúde:

- não colocar o dedo nem objetos dentro do nariz;
- para se livrar de algo que esteja incomodando dentro do nariz, usar um lenço para limpá-lo.

Brincar e aprender

1. Existem médicos que cuidam de partes específicas do corpo.

   Siga o trajeto da bolinha e descubra como se chama o médico que cuida do nariz e da garganta.

Na prática — Experimento

Objetivo
Testar o sentido do olfato.

Material:
- potinhos plásticos;
- ingredientes variados, como sal, açúcar, limão, pó de café e cebola, cada um colocado em um potinho plástico;
- lenço escuro;

Como fazer

1. Vende os olhos de um colega com o lenço escuro.
2. Coloque um dos potinhos próximo ao nariz dele e peça-lhe que reconheça qual é o alimento.
3. Repita a atividade até seu colega testar três dos ingredientes disponíveis.

1 Com base nos resultados da atividade, responda às questões a seguir.

a) Foi possível identificar todos os ingredientes apenas pelo cheiro?

_____
_____

b) Se você pudesse usar a gustação, seria mais fácil identificar os alimentos?

_____
_____

Atividades

1 Complete as frases a seguir.

a) O _____ é o sentido que nos possibilita perceber cheiros.

b) O órgão responsável pelo olfato é o _____.

c) O ar entra no nariz através das aberturas denominadas _____.

2 Qual é a importância de respirar pelo nariz?

_____

_____

3 Desenhe algo que tenha cheiro agradável e algo que tenha cheiro desagradável. Depois, compare seus desenhos com os dos colegas.

Cheiro agradável	Cheiro desagradável

4 Escreva dois exemplos de cheiros que alertam contra perigos.

_____

_____

◈ Gustação

Percebemos o gosto dos alimentos com o sentido da gustação.

As pessoas percebem gostos de modos diferentes. Há pessoas que gostam mais de alimentos doces. Outras preferem alimentos salgados.

A **língua** é o principal órgão da gustação. Ela ajuda na movimentação do alimento durante a mastigação. Observe a língua de um colega. Você pode perceber que ela tem pequenas estruturas redondas, as **papilas linguais**.

Por meio das papilas linguais é possível perceber quatro gostos básicos: **doce**, **salgado**, **azedo** e **amargo**.

Olho vivo!

Para manter a língua saudável e limpa é necessário escová-la. Evite consumir alimentos muito quentes, que podem queimar a língua e a boca.

▶ Língua com papilas em detalhe.

Baú de informações

Olfato e gustação são sentidos que agem juntos. Ao sentir o gosto e o cheiro de um alimento ao mesmo tempo, passamos a sentir também seu **sabor**.

É fácil notar isso quando estamos resfriados: as estruturas de dentro do nariz que sentem os odores ficam inflamadas e deixam de funcionar. Por isso, não sentimos bem o sabor dos alimentos.

Não sinto bem o sabor dos alimentos.

1 Você já passou por uma situação parecida com a da imagem acima? Conte como foi.

Atividades

1 Responda às questões no caderno.
   a) Qual é o principal órgão da gustação?
   b) Como se chamam as estruturas redondas da língua que possibilitam perceber os sabores?
   c) Por que é importante escovar a língua?

2 Procure, em folhetos de supermercado, revistas, jornais e outras fontes, exemplos de alimentos doces, salgados, azedos e amargos. Escolha dois desses alimentos, cole-os no caderno e classifique-os quanto ao sabor. As demais imagens, suas e dos colegas, devem ser utilizadas na confecção de quatro cartazes, um para cada sabor.

◈ Tato

O órgão responsável pelo tato é a **pele**, que é o maior órgão do corpo humano. Por meio dela é possível sentir o toque, a temperatura e a dor.

▶ Pessoas que não enxergam podem usar o piso tátil para se orientar em estabelecimentos como estações de trem e metrô.

▶ As cócegas são sentidas pelo tato.

≫ A pele bem cuidada

A pele separa os órgãos internos do meio externo.

Ela também é uma barreira protetora do corpo e, por isso, precisa de cuidados.

- ◆ Tome banho diariamente para manter a pele limpa.
- ◆ Evite ficar muito tempo exposto ao sol e, quando o fizer, sempre use proteção, como filtro solar, óculos escuros e boné ou chapéu.
- ◆ Se você se machucar, lembre-se de pedir ajuda a um adulto para lavar bem o ferimento com água e sabão.

 Para ir mais longe

Livro

▶ *Menino meio arrepiado*, de Ricardo Azevedo. São Paulo: Ática, 1998. Esse livro trata do sentido do tato.

Site

▶ *Pele e Sol*. <http://turmadamonica.uol.com.br/revistasespeciais>. Esse *site* disponibiliza uma revista que trata do tema pele e sol.

Na prática

Tateando para reconhecer

Anteriormente você estudou que as pessoas que não enxergam utilizam o tato, entre outros sentidos, para perceber o mundo. Um exemplo é a leitura no sistema braile.

Vamos fazer agora duas práticas de sensibilização com o tato?

Objetivo

Identificar pessoas e objetos por meio do tato.

Como fazer

1. O professor o colocará de olhos vendados diante de um colega. Você tocará o rosto dele suavemente e tentará descobrir quem é.

2. O professor esconderá diferentes objetos dentro de uma caixa. Com os olhos vendados, um aluno de cada vez pegará um objeto de dentro da caixa e tentará descobrir qual é.

1. Reflita com os colegas e com o professor sobre as seguintes questões:
   a) Todos que foram vendados conseguiram identificar o rosto do colega na atividade 1?
   b) Você conseguiu identificar os objetos?
   c) Qual objeto foi mais fácil de ser identificado? Por quê?
   d) Utilizando somente o tato, é possível descobrir todas as características de um objeto?

Atividades

1 Responda às questões.

a) Qual é o sentido que nos possibilita sentir o mundo por meio do toque?

_____

b) Qual órgão é responsável pelo tato?

_____

2 Preencha com o nome dos sentidos usados as lacunas das descrições de cada situação a seguir.

a)

Para sentir o pelo macio do cão, João usou o _____.

c)

Com a _____, Júlia sentiu o gosto do sorvete de limão.

b)

Pelo _____, Raul sentiu o espinho machucar seu dedo.

d)

Pelo sentido da _____, Ana sentiu o gosto da maçã.

Brincar e aprender

1. Observe as imagens **A** e **B**. Existem oito diferenças entre elas. Descubra quais são.

2. Qual das duas imagens da atividade anterior mostra somente atitudes corretas que devemos adotar quando vamos à praia?

_____

Revendo o que você aprendeu

1 Leia os versos a seguir e depois complete a tabela relacionando o sentido utilizado para perceber cada uma das sensações ao nome dos órgãos responsáveis por senti-las.

> Quente, frio, claro, escuro,
> Duro, mole, doce e azedo...
>
> Coisas que a gente sente
> Sensações, sensações
>
> Hélio Ziskind e a Turma do Cocoricó. *Emoções*. MCD. Brasil, 2012.

Sensações	Sentido	Órgão
quente e frio		
claro e escuro		
duro e mole		
doce e azedo		

2 Observe a sequência de imagens. As atitudes das crianças em relação aos órgãos dos sentidos estão corretas? O que você diria a cada uma delas?

a) Preciso limpar meu nariz.

b) Adoro olhar para o Sol!

c)

Adoro ouvir música no volume máximo!

_____

_____

3 Observe a tela pintada por Luciana Mariano que retrata uma brincadeira infantil. Depois, responda às questões.

▶ Luciana Mariano. *Cabra-cega*, 2009. Acrílico sobre tela, 50 × 70 cm.

a) A pintura acima representa a brincadeira infantil conhecida como cabra-cega. Você a conhece?

_____

b) Nessa brincadeira, um dos sentidos não pode ser usado. Qual é?

_____

c) Quais sentidos podem ser utilizados na brincadeira?

_____

4 Desenhe, no caderno, uma situação que represente o cuidado que devemos ter com a pele.

CAPÍTULO 5
Um planeta cheio de vida

▶ Ana Maria Dias. *Luminosa manhã*, 2008. Acrílico sobre tela, 20 × 30 cm.

Diálogo inicial

1. A tela retrata um local com grande variedade de seres vivos. Você conhece algum local parecido com esse?

2. Quais seres vivos você consegue ver no quadro?

3. Para você, o que é um ser vivo?

Terra, um planeta especial

O Sol e a vida

A vida em nosso **planeta** só é possível porque a Terra recebe luz e calor do Sol.

O Sol é um astro que produz luz.

A luz é fundamental para o crescimento das plantas.

Sem calor, o ambiente seria frio demais e insuportável para os seres vivos.

> **Vocabulário**
>
> **Planeta:** astro que gira em torno de uma estrela e não produz luz e calor.

Se há água, pode haver vida

O planeta Terra é um astro que tem muita água, e a presença de água é fundamental para os seres vivos. Veja a imagem ao lado.

A atmosfera terrestre e os seres vivos

Você não consegue ver o ar, mas ele está a seu redor e em todos os lugares. O ar forma uma camada do planeta denominada atmosfera.

A atmosfera é composta de alguns gases invisíveis.

Os principais gases que formam a atmosfera são gás nitrogênio, gás oxigênio e gás carbônico.

Nesta imagem foram utilizadas cores-fantasia. Os tamanhos dos elementos não correspondem à realidade.

▶ Se representássemos a quantidade de água no corpo humano em relação ao tamanho dele, seria o equivalente à imagem acima.

Alguns dos gases que compõem a atmosfera são muito importantes para a sobrevivência dos seres vivos. Os animais e as plantas precisam do gás oxigênio para respirar. As plantas, diferentemente dos animais, também aproveitam o gás carbônico. Esse gás é utilizado pelas plantas na produção do próprio alimento.

Veja, na imagem a seguir, a atmosfera em torno da Terra.

Nesta imagem foram utilizadas cores-fantasia. Os elementos não estão representados proporcionalmente entre si, e os tamanhos não correspondem à realidade.

A atmosfera forma um cinturão ao redor do planeta.

O gás nitrogênio, o gás oxigênio e o gás carbônico fazem parte da atmosfera.

▶ Esquema da atmosfera terrestre.

◈ O solo e a vida na Terra

Observe as imagens e responda: Qual é a relação delas com a vida?

1,4 metro de altura

▶ As vacas criadas pelos seres humanos se alimentam do capim que nasce no solo.

▶ As plantações, como as de trigo, são fundamentais para a nutrição dos seres humanos. Do trigo são produzidos alimentos como pão, macarrão e bolo.

19 cm de comprimento

▶ Alguns animais silvestres, como a ave estorninho, alimentam-se dos frutos das plantas que crescem no solo.

No solo crescem as plantas que alimentam grande parte dos seres vivos. Os seres humanos dependem do solo para retirar seu alimento.

Alguns animais que os seres humanos usam como alimento também dependem das plantas que crescem no solo para sobreviver, como a vaca e a cabra, que nos fornecem carne e leite.

Os elementos naturais não vivos possibilitam a vida na Terra

Juntos, o Sol, a água, o ar e o solo tornam possível a existência de vida na Terra.

Nesta imagem foram utilizadas cores-fantasia. Os tamanhos dos elementos não correspondem à realidade.

◈ Os elementos naturais vivos

Os elementos naturais podem ser vivos ou não vivos. Já vimos alguns elementos naturais não vivos: Sol, água, ar e solo.

Há diversos elementos naturais vivos, como as plantas e os animais. As plantas e os animais são denominados **seres vivos**.

Os elementos naturais não vivos possibilitam a existência dos elementos naturais vivos.

▶ A planta e o pássaro são exemplos de elementos naturais vivos.

Uma das diferenças entre os seres vivos e os não vivos é o fato de que os seres vivos nascem, crescem e morrem. Podem ainda gerar descendentes, ou seja, reproduzir-se. Observe as imagens.

▶ A planta nasce de uma semente no solo.

▶ Essa planta cresce e se desenvolve.

▶ Ao se tornar adulta, ela pode se reproduzir. Neste caso, ela produz frutos com sementes.

▶ Ela envelhece e morre. Uma de suas sementes pode originar uma nova planta.

Brincar e aprender

1 Adivinhe quem somos. Ligue os pontos e descubra.

a) Sou liso e úmido, no lago adoro ficar. Moscas fazem parte de minha dieta. Sou um animal de hábitos noturnos. Sou o

_____.

b) Minhocas adoro comer, e de manhã vou te acordar. Cocoricó hei de fazer, quando o dia raiar. Sou um animal de hábitos diurnos.

Sou o _____.

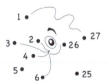

2 Agora responda: Os animais encontrados na atividade anterior são exemplos de seres vivos ou de elementos naturais não vivos?

_____

Atividades

1 Veja a seguir a imagem do planeta Terra.

Considerando o fato de vivermos na Terra, responda às questões.

a) Quais são as características da Terra que tornam possível a existência de vida?

_____
_____
_____

b) Em sua opinião, o que poderia mudar em nosso planeta para a vida ser melhor não só para nós mas para todos os seres vivos?

_____
_____
_____

2 O Sol é muito importante para a existência da vida na Terra. Observe as ilustrações e relacione-as com as frases correspondentes a elas.

a)

O Sol ilumina nosso planeta e permite a evaporação da água.

b)

O Sol aquece os seres vivos, inclusive as pessoas.

c)

O Sol possibilita a vida de diversos seres na Terra.

d)

Nas imagens foram utilizadas cores-fantasia. Os tamanhos dos elementos não correspondem à realidade.

3 Circule na imagem ao lado os elementos vivos e responda oralmente: Que características você observou para chegar a essa conclusão?

4 Na página 187 do livro, você encontra exemplos de seres vivos e de elementos naturais não vivos. Recorte-os e cole-os nos espaços a seguir.

Seres vivos	Elementos naturais não vivos

Diferentes ambientes

Há muitos anos, as pessoas apenas colhiam coisas da natureza, sem interferir muito nos ambientes da Terra. Com o tempo, passaram a praticar a agricultura e construir casas, represas e cidades, ou seja, modificar a natureza mais intensamente.

Assim, os ambientes podem ser **naturais** ou **construídos** pelos seres humanos.

Os ambientes construídos pelas pessoas são as cidades e as lavouras, entre outros. Os ambientes naturais são os que não foram criados pelo ser humano, como florestas, montanhas, oceanos etc. e podem ser bastante variados. Alguns são terrestres e outros aquáticos.

▶ O mar é um ambiente aquático com muitos seres vivos.

▶ Mãe orangotango e filhote na floresta, num ambiente terrestre.

▶ Família de cisnes no lago, um ambiente aquático.

Brincar e aprender

1 Pinte os espaços com as cores indicadas e veja o que surgirá.

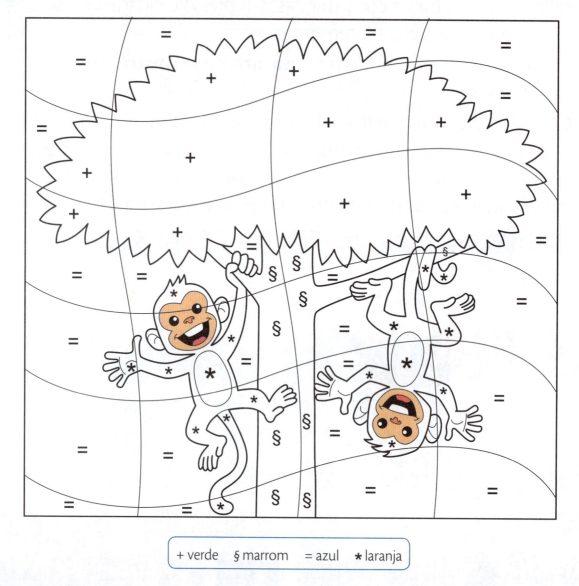

+ verde   § marrom   = azul   ∗ laranja

2 Assinale as alternativas que identificam esse ambiente.

a) ◯ natural

b) ◯ aquático

c) ◯ construído pelo ser humano

d) ◯ terrestre

Atividades

1 Observe as imagens a seguir e responda às questões oralmente.

▸ Vista da Baía de Guanabara, Rio de Janeiro, 1920.

▸ Vista da Baía de Guanabara, Rio de Janeiro, 2014.

a) As fotografias retratam o ambiente de um mesmo local, antes e depois da ação humana. Quais mudanças você percebe nesse local?

_____

_____

b) Que tipos de construções feitas pelas pessoas podem ser observados na segunda fotografia?

_____

_____

c) Que atitudes devem ser tomadas pelas pessoas para que, ao modificar os ambientes, a natureza seja respeitada?

_____

_____

d) Se você fosse um peixe e habitasse o ambiente das fotografias, gostaria de viver em qual época? Discuta sua resposta com os colegas.

Equilíbrio ambiental

Os seres vivos dependem dos elementos não vivos. Eles também agem sobre o ambiente e uns sobre os outros.

O equilíbrio de um ambiente é mantido, como pudemos ver, pela relação entre seres vivos e elementos não vivos.

Uma planta necessita de ar, água e luz solar. Muitos animais, por sua vez, alimentam-se e dependem dessa planta.

▶ O joão-de-barro é assim conhecido por usar barro na construção do ninho sobre as árvores. Ele depende de recursos da natureza para construir seu ninho a fim de se abrigar e ter seus filhotes.

Veja o exemplo.

- A água da chuva e a luz solar possibilitam o crescimento do pé de maracujá. Depois de algum tempo, a planta dá frutos.

- O rato se alimenta do maracujá que caiu do pé.

- Nas fezes do rato, isto é, no cocô, há sementes de maracujá que começam a brotar. As fezes do roedor também deixam nutrientes no solo. Solos ricos em nutrientes são bons para as plantas e minhocas.

O ambiente também entra em desequilíbrio

Muitas vezes, o equilíbrio da natureza é prejudicado pela ação humana. Ao utilizar os bens da natureza para seu proveito, as pessoas modificam e, muitas vezes, prejudicam o meio ambiente.

A sociedade como um todo tem a responsabilidade de preservar a natureza. Veja a seguir algumas atitudes que você pode tomar em relação a isso.

▶ O lixo que pode ser reciclado deve ser descartado nas lixeiras identificadas pelas cores referentes a cada tipo de lixo.

- Evite o excesso de lixo. Não compre produtos desnecessários. Nunca jogue lixo no chão.
- Não deixe a luz acesa quando não for necessário, nem a televisão ligada quando ninguém estiver assistindo aos programas.
- Use sempre os dois lados da folha de papel.
- Feche a torneira enquanto escova os dentes e tome banhos rápidos. Lembre-se: a água é um recurso natural essencial para a vida.

▶ Não desperdice água.

Para ir mais longe

Livro
▶ *Chico, homem da floresta*, de Lúcia Fidalgo. São Paulo: Paulus, 2006. Aborda a importância da preservação da natureza e seus benefícios, bem como os prejuízos decorrentes da exploração inadequada do meio ambiente.

Baú de informações

É cada vez maior o número de animais silvestres que são capturados durante invasão em residências na área urbana de cidades de Mato Grosso. Determinadas espécies de animais são capturadas em épocas de estiagem, quando é registrado maior número de queimadas, outras aparecem no período das chuvas.

[...]

O aparecimento de animais nas cidades, de acordo com o tenente [Marco Antônio], pode estar relacionado com a devastação da vegetação natural e a consequente falta de comida. "[...] As queimadas também contribuem para esse processo. Ao se sentir ameaçado, o bicho sai do seu **hábitat** e tenta procurar proteção em outro lugar", comenta.

[...]

▶ Entre os casos de animais capturados dentro das residências estão algumas sucuris, serpentes que chegam a 15 metros de comprimento. Esses animais não são venenosos, mas sua mordida pode ferir gravemente.

Vocabulário

Hábitat: ambiente em que uma espécie vive.

Animais silvestres que invadem cidades são recolhidos por bombeiros. *Florestanet*. Disponível em: <www.florestanet.com.br/geral/id-19912/animais_silvestres_que_invadem_cidades_sao_recolhidos_por_bombeiros>. Acesso em: 20 maio 2015.

1 Responda oralmente.

a) Qual é o principal motivo de esses animais estarem invadindo as cidades?

b) Que riscos essa atitude pode trazer para a vida das pessoas e dos animais?

c) Que soluções você pode indicar para que esses acontecimentos não se tornem comuns?

Atividades

1. Pinte o ⬜ das frases com a afirmação correta.

   a) ⬜ A relação entre os seres vivos e os elementos naturais não vivos mantém o equilíbrio de um ambiente.

   b) ⬜ Os seres vivos dependem dos elementos naturais não vivos para sobreviver.

   c) ⬜ Um animal não depende de ar, água e solo para sobreviver.

   d) ⬜ Um animal precisa de ar, água e alimento para sobreviver.

   e) ⬜ As fezes dos animais ajudam a fertilizar o solo.

2. Observe as fotografias e faça o que se pede.

   a) Qual dos ambientes você diria que está em desequilíbrio? Por quê?

   _____

   _____

   b) Cite os seres vivos encontrados no ambiente da fotografia à esquerda.

   _____

Revendo o que você aprendeu

1 Pinte de azul a ☆ que indica um ser vivo. Pinte de vermelho a que indica um elemento natural não vivo.

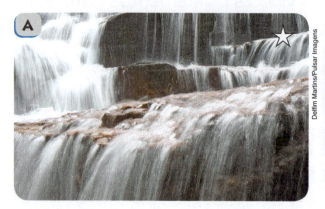

2 Observe as fotografias e depois responda às questões.

▶ Aves se alimentam em lago no Pantanal, Mato Grosso.

▶ Pedestres e ciclistas em calçadão, Vitória, Espírito Santo.

a) Os locais apresentados nas fotografias não são iguais. Quais são as diferenças entre eles? Qual deles é um ambiente natural?

_____

_____

b) Que seres vivos você pode observar em cada local?

_____

_____

3 Analise com atenção estas fotografias e depois faça o que se pede.

▶ Várzea da Marituba, um ambiente aquático no município de Penedo, Alagoas, 2009.

▶ Troncos caídos em queimada na Amazônia, 2005.

Pensando no equilíbrio ambiental, o que você pode perceber ao analisar as fotografias?

_____

_____

4 Assinale com um **X** as atitudes corretas em relação à preservação ambiental.

a)

b)

c)

d)

CAPÍTULO 6 — Conhecendo o mundo dos animais

▶ Pantanal, no Mato Grosso, 2013.

Diálogo inicial

1. Que animais você consegue identificar nesta página?
2. Você identificou os mesmos animais que seu colega?
3. O que você sabe sobre esses animais?
4. Você acha que eles comem o mesmo tipo de alimento?

🔹 Onde vivem e como são os animais

Os animais vivem em diferentes ambientes. Dessa forma, eles também podem ser caracterizados de acordo com o local onde vivem e encontram condições adequadas para sobreviver. Esse local é denominado **hábitat**.

Os animais que vivem na terra, como o tamanduá, o besouro, a lesma, o coala, o esquilo e o antílope, são denominados **terrestres**. Alguns animais terrestres, porém, ficam constantemente na água, como o jacaré e o hipopótamo.

▶ O tamanduá-bandeira é um animal terrestre que habita campos, cerrados e florestas.

Há animais que vivem apenas na água, como os peixes, a baleia, o golfinho e o polvo. Eles são adaptados a esse ambiente e são denominados animais **aquáticos**.

▶ O polvo é um animal que vive apenas na água.

Alguns animais passam uma parte da vida na água e outra parte na terra, como o sapo, a salamandra e a perereca.

▶ A salamandra vive um tempo na água e outro na terra.

◈ Diferenciando os animais

❯ Tamanho

Uma forma de caracterizar os animais é o tamanho.

Os animais têm tamanhos diferentes. Alguns são muito maiores do que as pessoas; outros são bem pequenos.

O piolho é um exemplo de animal pequeno. Ele se alimenta de sangue e pode se alojar no couro cabeludo das pessoas.

▶ Fotografia de piolho preso a fio de cabelo.

O elefante, o rinoceronte e o hipopótamo são exemplos de animais grandes. Mas o maior animal que existe em nosso planeta mora no ambiente aquático: é a baleia-azul.

▶ A baleia-azul é o maior animal do planeta. Pode medir mais de 30 metros de comprimento e pesar 180 toneladas. A língua dela é mais pesada do que um elefante, e o coração é do tamanho de um carro pequeno.

≫ Alimentação

Os animais são seres vivos e, portanto, necessitam se alimentar para viver. Eles têm diferentes hábitos alimentares.

Os **herbívoros**, como o coelho, a vaca, o antílope e a lesma, são animais que se alimentam apenas de plantas; os **carnívoros**, como o tigre, o louva-a-deus, o tubarão e a águia, alimentam-se apenas de outros animais; os **onívoros**, como o lobo-guará, o macaco e a mosca, comem tanto plantas quanto outros animais.

▸ A onça-pintada come outros animais.

▸ A vaca come plantas.

▸ As galinhas comem tanto plantas quanto outros animais.

≫ Cobertura corporal

Alguns animais apresentam estruturas de cobertura sobre a pele. Os tipos de cobertura também podem, portanto, diferenciá-los.

▸ Aves, como a arara-azul, têm a pele (ou couro) do corpo coberta por penas.

▸ Peixes, como o lambari, têm a pele coberta por escamas.

▸ Animais como o macaco têm a pele coberta por pelos.

Até 1,4 m de comprimento • 20 cm de comprimento • 5 mm de comprimento

- Animais como a tartaruga têm escamas e **carapaça**.
- Animais como o sapo não têm cobertura corporal. A pele deles é sensível e sempre úmida.
- Insetos como a joaninha e a abelha têm o corpo coberto por uma estrutura dura, que os protege.

Vocabulário

Carapaça: cobertura dura, que serve de proteção.

Atividades

1 Numere os animais de 1 a 6 colocando 1 para o menor e 6 para o maior.

a) ☐ baleia-azul   c) ☐ cachorro   e) ☐ mosca
b) ☐ vaca   d) ☐ beija-flor   f) ☐ elefante

2 Escreva o nome do animal e como é a cobertura do corpo dele. Depois pinte os desenhos.

a)  b)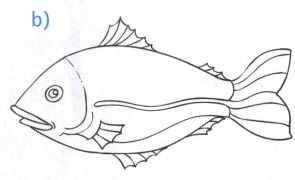

_____   _____

_____   _____

3 Desenhe, nos espaços a seguir, animais que tenham o corpo coberto por:

a) pelos   b) carapaça   c) escamas

4 Ligue os pontos e depois responda às questões.

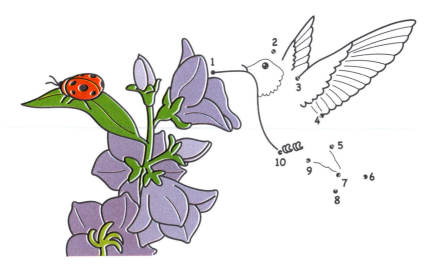

a) Qual animal surgiu?

_____

b) Como é coberto o corpo desse animal?

_____

5 Recorte as peças que estão na página 189 e cole-as no lugar correspondente à informação de cada animal.

Animal	Alimentação	Classificação quanto ao hábito alimentar
(leão)		
(panda)		
(galinha)		

◈ Como os animais se locomovem?

Os animais se locomovem de modos diferentes; portanto, eles também podem ser classificados de acordo com o modo de locomoção.

Alguns andam, outros saltam; há os que voam, os que rastejam e os que nadam. Por exemplo, a formiga tem pernas e anda; a gaivota tem asas e voa; o tubarão tem nadadeiras e nada; o grilo tem pernas longas e asas para saltar e voar; e a minhoca não tem pernas e rasteja.

▶ A perereca tem pernas e salta.

▶ A coruja tem asas e voa.

▶ O peixe tem nadadeiras e nada.

▶ A lesma usa todo o corpo para se locomover rastejando.

Atividade

1 Marque um **X** nas informações corretas.

a) ⬜ As asas possibilitam o voo das aves.
b) ⬜ As nadadeiras possibilitam que os peixes nadem.
c) ⬜ As asas ajudam os peixes a nadar.
d) ⬜ As pernas possibilitam que o cavalo ande e corra.
e) ⬜ A cascavel usa todo o corpo para se locomover.

Brincar e aprender

1 Decifre os enigmas e descubra a frase secreta.

_____
_____
_____

2 Desenhe um animal em uma folha de papel à parte. Depois troque de folha com seu colega e cada um irá completar a atividade do outro incluindo o nome do animal e contando como é o seu modo de locomoção.

Para ir mais longe

Livros

- *A baleia-corcunda*, de Rubens Matuck. São Paulo: Biruta, 2003.
  Nesse livro, você pode conhecer a vida das baleias, como elas nascem, seus hábitos alimentares e outras características.

- *História de jacaré*, de Clara Rosa Cruz Gomes. São Paulo: Elementar, 2009.
  Uma história que conta as características dos jacarés, onde moram e como vivem. Trata também de problemas ambientais.

◆ Como os animais se reproduzem?

Você já deve ter reparado que alguns animais botam ovos, como é o caso das galinhas, cujos ovos são usados pelas pessoas na alimentação; dos peixes, que depositam inúmeros ovinhos bem pequenos sobre as plantas nas águas; das tartarugas marinhas, que enterram seus ovos na areia das praias; e dos mosquitos-da-dengue, que deixam seus minúsculos ovos na água acumulada em pneus e garrafas descobertos.

▸ Peixe em frente a seus ovos deixados sobre uma folha de planta aquática.

▸ Tartaruga-verde deixando seus ovos na areia da praia.

▸ Ovos do mosquito-da--dengue, semelhantes a cápsulas pretas.

E os animais que não botam ovos? Esses animais se desenvolvem na barriga da fêmea e nascem quando já estão prontos para respirar e se alimentar fora do corpo dela. As baleias, os seres humanos, os ursos, os cachorros e os tatus são exemplos desses animais. Após o nascimento, eles costumam se alimentar do leite produzido pela mãe.

▸ O filhote de baleia se desenvolve na barriga da fêmea.

▸ Os cães são animais que se desenvolvem na barriga da fêmea.

▸ Na barriga dessa mulher está se desenvolvendo um ser humano. Ela está grávida.

Atividades

1 Coloque **B** para animal que nasce da barriga da fêmea e **O** para animal que nasce do ovo.

a) ☐
b) ☐
c) ☐
d) ☐

2 Procure duas imagens – uma de um animal que nasce da barriga da fêmea e outra de um que nasce de ovo – e cole-as a seguir.

Animais silvestres e domesticados

Os tuiuiús e os cabeças-secas são animais silvestres que habitam a região do Pantanal. Lá eles encontram alimento e abrigo para dormir e criar os filhotes.

Tanques usados na criação de peixes para consumo humano.

Os animais silvestres vivem, originalmente, em um ambiente específico. Esse ambiente tem as condições a que eles estão acostumados, com tudo o que é necessário para sua sobrevivência, como clima e alimentação ideais.

Exemplos de animais silvestres são o jacaré, a onça-pintada, a anta, o tucano, o urso, além de pequenos animais, como formigas, borboletas etc.

Entre os animais domesticados estão os de criação, que são aqueles criados nas fazendas e granjas e usados para nossa alimentação. Além disso, fornecem matéria-prima para alguns produtos que usamos, como lã e couro. São eles: as vacas, as ovelhas, as galinhas, os peixes, as ostras e até as abelhas.

Os bois e as vacas são criados em áreas grandes, repletas de capim para alimentá-los.

Para adquirir mel, os produtores usam caixas como essas. Nelas as abelhas entram, fazem colmeias e produzem mel.

Atividades

1 Observe as imagens de dois felinos e responda às questões.

45 cm de comprimento

a) Em qual das duas fotografias você acha que está um gato silvestre?

_____

b) Em qual delas está um gato doméstico? Que característica da fotografia o ajudou a reconhecer esse animal?

_____
_____

c) O felino da fotografia A está habituado a comer apenas ração. Se ele for para a floresta, terá facilidade para sobreviver? Justifique sua resposta.

_____
_____
_____

d) É correto recolher um gato silvestre da floresta e levá-lo para viver dentro de casa? Justifique sua resposta.

_____
_____

2) Muitos alunos da turma da professora Sônia têm animais de estimação, e eles fizeram um gráfico sobre esse tema. Observe-o e depois responda às questões.

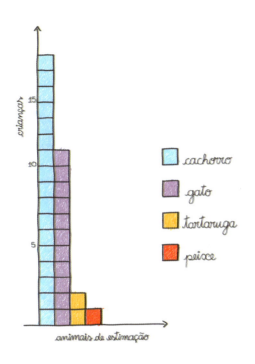

a) Qual animal aparece no gráfico em maior quantidade e quantos alunos têm esse animal?

_____

b) Qual animal há em menor quantidade e quantos alunos têm esse animal?

_____

Agora, com o professor e os colegas, construa um gráfico que apresente os animais de estimação dos alunos de sua turma.

3) Observe os animais do livro do Amauri. Classifique-os como silvestres ou domesticados.

Nas ilustrações desta página foram utilizadas cores-fantasia. A proporção entre os tamanhos dos seres vivos representados não é a real.

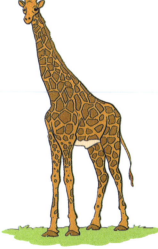

▶ Essa águia gosta de caçar pequenos animais e vive livre, em áreas bem abertas.

▶ Essa vaca habita uma fazenda onde os seres humanos a alimentam, tratam suas doenças e tiram seu leite.

▶ A girafa habita áreas naturais bem vastas, com muitas árvores.

Vamos falar sobre extinção

Qualquer animal, planta ou outro ser vivo pode deixar de existir e há várias razões para isso. Esse fenômeno se chama **extinção**. Por exemplo: um grupo de animais pode desaparecer por causa de uma doença, porque o ambiente em que vivia sofreu muitas modificações ou porque acabou seu alimento.

Muitas vezes, a ação do ser humano ameaça a sobrevivência de alguns grupos de animais. Veja o caso a seguir.

▶ A população de diabos-da-tasmânia tem diminuído ano após ano. Eles correm risco de extinção por causa de uma doença que afeta a boca e os impede de comer.

▶ A ave dodô viveu durante muitos anos numa ilha perto da África, chamada Maurício. Era uma ave bem bonita, não voava e chegava a ter 1 metro de altura.

▶ Quando os seres humanos chegaram à ilha, começaram a caçar essa ave para se alimentar. Para piorar a situação, os seres humanos colocaram na ilha animais que antes não viviam lá, e eles passaram a comer os ovos do dodô.

Nas ilustrações foram utilizadas cores-fantasia. Os tamanhos dos elementos não correspondem à realidade.

▶ Como resultado, toda a população de dodôs desapareceu, ou seja, a ave foi extinta.

Fauna brasileira ameaçada

No Brasil e em outras partes do mundo, o ser humano influencia na extinção de outros seres porque derruba matas; muda o curso dos rios e os polui; polui a atmosfera; e pratica caça e tráfico de animais, entre outros danos.

Observe outros exemplos de espécies da fauna brasileira ameaçadas de extinção.

▶ A onça-pintada é um felino brasileiro ameaçado de extinção porque tem perdido áreas de seu hábitat, o que contribui para a diminuição da oferta de alimentos, entre outras razões.

2 m de comprimento

35 cm de comprimento

▶ O papagaio-de-cara-roxa está ameaçado de extinção em razão da destruição de seu hábitat, no litoral das regiões Sul e Sudeste.

1,5 m de comprimento

▶ A onça-parda – ameaçada de extinção em razão da caça e da diminuição de seu hábitat – está espalhada por todas as Américas.

16 m de comprimento

▶ Ameaçada de extinção em razão principalmente da caça, a baleia jubarte está presente em todos os oceanos.

35 cm de comprimento

▶ O mico-de-cheiro é uma espécie ameaçada de extinção porque seu hábitat, no estado do Amazonas, é bem pequeno.

1,2 m de comprimento

▶ Ameaçado pela diminuição de seu hábitat, por atropelamentos em rodovias e pela caça desenfreada, o lobo-guará é encontrado em grandes áreas do interior do Brasil.

2 m de comprimento

▶ Ameaçada de extinção principalmente por causa da poluição, a tartaruga-de-couro pode ser encontrada em todos os oceanos.

Baú de informações

[...]

O que é o tráfico de animais silvestres?

Tráfico é o comércio ilegal. Traficar animais significa capturá-los na natureza, prendê-los e vendê-los com o objetivo de ganhar dinheiro.

Se participamos disso, estamos contribuindo para o tráfico de animais. [...]

▶ Mais de 350 aves silvestres foram apreendidas na estação de trem de Mumbai, na Índia, em 5 de junho de 2007. Os maus-tratos sofridos pelos animais durante o transporte ilegal causaram a morte de parte deles.

Como os animais são transportados até as feiras para serem vendidos?

[...] Os animais são transportados nas piores condições possíveis. São escondidos em fundos de malas ou caixotes, sem ventilação, e ficam vários dias sem comer e sem beber. Resultado: de cada 10 animais capturados, nove morrem no caminho e um chega às mãos dos compradores. [...]

Quais são os animais mais vendidos?

O papagaio é a ave mais vendida no Brasil e no exterior. Depois dele vêm as araras, os periquitos, micos, tartarugas e tucanos. [...]

O que é um animal silvestre? *WWF-Brasil*. Disponível em: <www.wwf.org.br/natureza_brasileira/questoes_ambientais/animais_silvestres>. Acesso em: 3 jan. 2015.

1 Converse com os colegas sobre as questões a seguir.

a) O que é tráfico de animais silvestres? Qual é sua opinião sobre isso?

b) As pessoas que compram esses animais contribuem para que esse crime não acabe? Explique.

c) De onde os criminosos obtêm os animais que traficam?

 #NaRede

Todos os animais deveriam ser respeitados. Mas infelizmente existem muitos problemas ambientais que ameaçam algumas espécies de desaparecer. Pesquise na internet alguns animais ameaçados de extinção. Lembre-se de que para realizar uma pesquisa é muito importante usar *sites* de confiança e coletar dados de mais de uma fonte. Portanto, a seguir você encontra dois *sites* a serem consultados e uma orientação sobre como acessá-los.

No *site* <http://super.abril.com.br/galerias-fotos/conheca-20-animais-estao-risco-extincao-704424.shtml#0>, você encontra 20 animais que correm risco de extinção e ainda pode observar ilustrações e aprender curiosidades sobre eles. Basta seguir a seta para passar de um animal para outro.

No *site* <www.escolakids.com/animais-ameacados-de-extincao.htm>, você encontra mais alguns animais que estão ameaçados de extinção em todo o mundo e pode observar fotografias e conhecê-los melhor.

Usando as informações que descobriu, reúna-se com mais um colega e, juntos, façam uma tabela com o nome do animal, de onde ele é e a causa de sua extinção.

 Para ir mais longe

Filmes

- *Tainá: uma aventura na Amazônia*. Brasil, 2000, 90 min.
- *Tainá 2: a aventura continua*. Brasil, 2004, 80 min.

Os dois filmes contam as aventuras de Tainá em sua luta pela defesa da selva e contra o tráfico de animais silvestres.

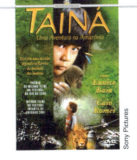
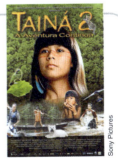

Brincar e aprender

Você já ouviu falar em *origami*?

É uma arte popular japonesa, muito antiga, que consiste em fazer diversas figuras apenas dobrando um pedaço de papel quadrado.

Faça um *origami* você também! Siga os passos e aprenda a fazer um elefante.

vire

dobre para trás

caracterizar rosto do elefante

Olho vivo!

Faça as dobras em uma superfície plana e acentue os vincos das dobras passando a unha sobre elas.

1 Agora que você já sabe fazer um elefante de *origami*, faça uma pesquisa sobre esse animal para responder no caderno às questões a seguir.

a) Os elefantes se alimentam de quê?
b) A tromba dos elefantes é muito importante para eles. O que fazem com as trombas?
c) Onde vivem os elefantes?
d) Os elefantes estão ameaçados de extinção?

Valores e vivências

Você já assistiu ao filme *Rio*? É uma animação que mostra a história da ararinha-azul Blu, que está ameaçada de extinção e cai nas mãos de contrabandistas de animais.

O que você pensa sobre essa situação? As pessoas que capturam os pássaros ou outros animais para vendê-los estão sabendo cuidar da natureza? O que você diria a elas?

Atividade

1. Observe as fotografias a seguir. Elas mostram três espécies de animais silvestres ameaçados de extinção.

▶ Ariranha. (1,8 m de comprimento)

▶ Bicho-preguiça. (70 cm de comprimento)

▶ Jacutinga. (70 cm de altura)

a) O que significa estar ameaçado de extinção?

_____

_____

b) O que pode provocar a extinção de espécies silvestres?

_____

_____

Revendo o que você aprendeu

1 Reconheça o animal que não faz parte de cada sequência de fotografias, de acordo com a característica apresentada. Justifique sua resposta.

a) tamanho

- ☐ borboleta
- ☐ rinoceronte
- ☐ beija-flor

b) hábitat

- ☐ cavalo
- ☐ sapo
- ☐ zebra

c) modo de locomoção

- ☐ cachorro
- ☐ elefante
- ☐ minhoca

d) cobertura corporal

- ☐ gato
- ☐ periquito
- ☐ tucano

_____
_____

2 Com base nas imagens a seguir, classifique os animais de acordo com o hábito alimentar que está sendo mostrado.

▶ Leão comendo carne.   ▶ Girafa comendo folhas de plantas.   ▶ Galinhas comendo milho.   ▶ Galinha comendo minhoca.

_____
_____

3 Classifique os seguintes animais quanto à cobertura do corpo colocando **1** se for pelo, **2** se for escama, **3** se for pena e **4** se for carapaça.

a) ☐ peixe   c) ☐ pinguim
b) ☐ tartaruga   d) ☐ cavalo

4 Pinte os ☐ que indicam animais que nascem de ovos.

a) ☐ galinha   c) ☐ cão
b) ☐ pato   d) ☐ cavalo

CAPÍTULO 7
Conhecendo o mundo das plantas

Observe as fotografias a seguir.

▶ Laranjeira.

▶ Ipê-roxo.

▶ Samambaia.

▶ Aguapé.

▶ Musgo.

▶ Pinheiro-do-paraná.

Diálogo inicial

1. As fotografias acima retratam seres vivos ou não vivos?

2. Em sua opinião, de que as plantas precisam para viver?

3. Você já viu alguma das plantas retratadas nas fotografias? Onde?

4. As plantas são importantes para a preservação da vegetação? Por quê?

Como são as plantas?

As plantas estão em muitos lugares da natureza.

Assim como há vários tipos de animais, há uma grande variedade de plantas, que nós podemos também chamar de vegetais. Elas têm tamanhos e formas diferentes.

Quais são as diferenças e as semelhanças entre as plantas a seguir?

▸ A samambaia é uma planta de ambiente terrestre.

▸ A jabuticabeira é uma árvore grande que produz frutos.

▸ O cacto é uma planta que armazena água no caule.

▸ O aguapé é uma planta de ambiente aquático.

 Para ir mais longe

Livro

▸ *As plantas: em poucas palavras*, de Meritxell Martí, Cristina Villela e Lluís Borràs. São Paulo: Escala Educacional, 2008.

Nesse livro, as crianças descobrem e conhecem diferentes tipos de árvores, flores, ervas e frutas.

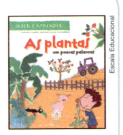

As plantas são seres vivos. Elas nascem, crescem, podem se reproduzir e morrem.

Melissa fez um desenho para mostrar o ciclo de vida dos vegetais. Observe essas etapas na imagem ao lado.

No ciclo de vida de uma árvore, as sementes germinam e dão origem a uma planta jovem e pequena. Com o passar do tempo, ela cresce e se desenvolve, podendo se reproduzir (produzindo sementes, por exemplo). Mais tarde, a árvore morre e, de sua semente, pode se desenvolver uma nova planta.

Veja a seguir algumas características que mostram a importância das plantas.

- Fornecem alimentos para inúmeros outros seres vivos, inclusive os seres humanos.
- As árvores formam sombra e deixam o ambiente mais fresco.
- Fornecem abrigo.
- Fornecem parte do gás oxigênio da atmosfera.
- São úteis para fazer medicamentos.

▶ Os lugares são mais agradáveis quando há árvores.

Brincar e aprender

1 As árvores servem de abrigo para vários animais. Na ilustração existem oito animais escondidos na árvore. Você é capaz de encontrar todos eles?

As partes das plantas

A maioria das plantas tem raiz, caule, folha, flor, fruto e semente.

As partes de muitas plantas são usadas na alimentação das pessoas. Conheça alguns exemplos:

▶ Couve-flor é flor.

▶ Abacate é fruto.

▶ A porção comestível da alface é a folha.

▶ Batata-inglesa é caule.

▶ Feijão é semente.

▶ A porção alaranjada da cenoura é a raiz.

Na prática

Como fazer

1. Traga para a escola parte de uma planta, como uma flor, um ramo de folhas ou um pequeno galho de árvore.
2. Na sala de aula, coloque o que você coletou, junto ao que os colegas trouxeram, em um vaso, formando um arranjo.

1 Agora faça o que se pede.

a) Observe atentamente o vaso com as partes de plantas e faça um desenho dele. Repare bem nas cores e nos formatos para que o desenho fique o mais parecido possível com a realidade.

b) Quais partes de uma planta você consegue identificar? Escreva o nome delas no desenho.

c) O que há de diferente entre os itens do vaso? Eles têm alguma característica em comum?

Valores e vivências

Algumas plantas podem causar problemas de saúde a nós ou a outros animais. São as plantas **tóxicas**.

Não devemos tocar nem ingerir plantas que não conhecemos.

▶ As folhas da planta comigo-ninguém--pode são muito tóxicas se ingeridas.

▶ As folhas e os frutos da mamona são venenosos.

Fotos: Fabio Colombini

Atividades

1 Escreva **V** se a frase for verdadeira e **F** se for falsa. Depois reescreva a frase falsa de modo a torná-la verdadeira.

a) ◯ As plantas são seres vivos.

b) ◯ Uma das utilidades das plantas é servir de alimento.

c) ◯ As plantas não oferecem perigo para as pessoas.

_____

_____

2 Procure e recolha do chão do jardim algumas folhas de plantas diferentes. Espalhe-as sobre a mesa, cubra-as com um papel branco e passe giz de cera por cima do papel. Agora responda às questões:

a) O que as folhas têm de semelhante?

_____

_____

b) Em que elas diferem uma das outras?

_____

_____

_____

3 Em sua casa, observe uma planta e desenhe-a no caderno. Depois escreva o nome e as partes dela que você pode observar.

Lembre-se de não tocar em plantas que você não conhece, pois elas podem ser venenosas.

_____

_____

4 Identifique as partes da planta indicadas pelos números.

1 _____
2 _____
3 _____
4 _____
5 _____
6 _____

5 Associe as frases a seguir com suas respectivas fotografias.

a) As plantas fornecem alimentos para os seres humanos.

b) As árvores formam sombra e deixam o ambiente mais fresco.

c) As plantas fornecem abrigo para muitos animais.

O desenvolvimento das plantas

Algumas plantas nascem de sementes, como o feijão e o alpiste. Outras podem nascer de mudas, como a violeta.

▶ Sementes de feijão sendo plantadas.

▶ Sementes de feijão germinando. Na germinação, as sementes se desenvolvem, absorvem água e dão origem a uma nova planta.

A maioria das plantas vive no ambiente terrestre. Algumas vivem na água, e há ainda aquelas que vivem no tronco das árvores.

▶ Figueira-branca, uma planta terrestre, com idade estimada de aproximadamente 1 000 anos, localizada no Parque Estadual Carlos Botelho, Sete Barras, São Paulo, 2005.

▶ Vitória-régia, uma planta aquática.

▶ Bromélia, uma planta que pode viver em tronco de árvores.

As plantas precisam de **gás oxigênio**, **água**, **luz solar**, **nutrientes** e **gás carbônico** para sobreviver. Nas folhas, principalmente, elas produzem o próprio alimento. Para realizar essa função são necessários gás carbônico, luz e água.

Em condições adequadas, as plantas podem viver muitos anos. Um exemplo são as árvores.

As plantas aproveitam a luz que vem do Sol.

Alguns gases presentes no ar são absorvidos pelas plantas.

A água do solo, além de alguns nutrientes, é absorvida pelas raízes.

Baú de informações

No Brasil há um cajueiro gigante na cidade de Parnamirim, no Rio Grande do Norte. A copa dele equivale a quase um campo de futebol. É um dos pontos turísticos da região.

Você sabia que a maior árvore do mundo é a sequoia-gigante? Ela tem a altura aproximada de um prédio de 33 andares e fica na Califórnia, nos Estados Unidos.

▶ Apesar de parecer um conjunto de árvores nessa área, na verdade há somente uma – o maior cajueiro do mundo.

1 Qual foi a maior árvore que você já viu? Onde ela fica? Conte aos colegas.

Na prática — Experimento

Objetivo

Observar como uma planta se desenvolve.

Material:

- dois frascos transparentes;
- papel-toalha;
- água;
- etiquetas adesivas;
- sementes de alpiste ou feijão.

Como fazer

1. Com a ajuda do professor, coloque uma folha de papel-toalha dentro de cada um dos frascos. Tente preencher o espaço interno o melhor possível.
2. Com cuidado, molhe um pouco o papel-toalha do frasco 1.
3. Espalhe algumas sementes de alpiste ou de feijão nos dois frascos.
4. Deixe os frascos em um local que receba a luz do Sol e molhe o papel do frasco 1 diariamente, sem encharcá-lo.
5. Observe os frascos por duas semanas e registre suas observações.

Registro de observação

Registre com palavras ou desenho no quadro a seguir o que você observar.

Frasco		1º dia	3º dia	5º dia
	1			
	2			

Frasco		8º dia	10º dia	12º dia
	1			
	2			

1 Após os 12 dias da observação, troque ideias com os colegas e responda às questões.

a) O que aconteceu com as sementes que receberam água?

_____

_____

b) O que aconteceu com as sementes que não receberam água?

_____

_____

Atividades

1 As imagens das etapas do desenvolvimento de uma planta não estão na ordem correta. Organize-as ligando cada uma ao número correspondente a ela.

1   2   3   4

2 Observe as fotografias e classifique as plantas em **terrestres** ou **aquáticas**.

a)

b)

c)

_____   _____   _____

3 Assinale com **X** o que a planta precisa para se desenvolver.

a) ◯ água   d) ◯ luz

b) ◯ oxigênio   e) ◯ gás carbônico

c) ◯ silêncio   f) ◯ sombra

150

Preservando o verde

Há cerca de 200 anos, nosso planeta contava com muito mais plantas do que hoje.

Com o tempo, os ambientes naturais foram modificados pelos seres humanos para satisfazer suas necessidades.

Compare as fotografias a seguir. O que ocorreu?

▶ Floresta de araucária preservada no município de General Carneiro, Paraná, 2000.

▶ Floresta de araucária alterada por construções urbanas no município de General Carneiro, Paraná, 2010.

O ambiente ameaçado

Os seres humanos modificam a paisagem para construir moradias e praticar a agricultura e a criação de animais. Ao fazer isso de modo exagerado, têm prejudicado o meio ambiente.

Vocabulário

Desmatar: retirar a vegetação de uma região.

Vastas áreas são **desmatadas** para plantio de produtos agrícolas ou para criação de pastagens. O que aconteceu na área mostrada a seguir?

▶ Vegetação típica da Floresta Amazônica, no Parque Estadual do Cristalino, Alta Floresta, Mato Grosso, 2011.

▶ Criação de gado em área da Floresta Amazônica desmatada, Alta Floresta, Mato Grosso, 2012.

Frequentemente pessoas cortam árvores ou fazem queimadas, deixando o solo sem proteção e muitos seres vivos, como os animais, sem abrigo e alimento.

▶ Árvores derrubadas na Reserva Extrativista Chico Mendes, em Xapuri, Acre, junho de 2009.

▶ A população deve ser livre para expressar sua opinião. Todo desmatamento deve ser planejado e feito de acordo com a lei. Diga não ao desmatamento ilegal.

Valores e vivências

Há uma necessidade de preservar o verde e repor o que foi perdido em grande quantidade. O equilíbrio ambiental depende da harmonia entre animais e plantas. Muitos seres vivos dependem direta ou indiretamente das plantas para sobreviver, e elas, ainda, são muito importantes para o equilíbrio do solo. Você pode ajudar a preservar as plantas não as danificando e plantando novas árvores. Ajude ainda a divulgar essa ideia para as outras pessoas.

Para ir mais longe

Livro

▶ *Onde canta o sabiá*, de Regina Rennó. Belo Horizonte: Compor, 2008.

Aborda problemas ambientais, como desmatamento e poluição.

Baú de informações

A Mata Atlântica é um grande ambiente onde vivem inúmeros seres vivos, como plantas e animais. Ela é grande o suficiente para abranger vários estados brasileiros.

Os mapas a seguir mostram a vegetação da Mata Atlântica no Brasil em dois períodos diferentes.

Fonte: *Atlas dos remanescentes florestais da Mata Atlântica – período 2008-2010*. São Paulo: Fundação SOS Mata Atlântica e Inpe, 2010. Disponível em: <http://mapas.sosma.org.br/site_media/download/atlas-relatorio2008-2010parcial.pdf>. Acesso em: 5 jan. 2015.

1 Reflita com os colegas.

a) O que você pôde perceber ao observar os mapas?

b) Em qual dos mapas está representada a maior quantidade de vegetação?

c) Por que as florestas devem ser preservadas?

d) É preciso criar espaços onde possamos nos locomover, morar, plantar e criar animais para nosso consumo. De que forma isso pode ser feito sem comprometer as áreas naturais?

Atividades

1 Leia a tirinha do Chico Bento e responda às questões.

a) Chico Bento demonstra preocupação com a preservação da natureza? Por quê?

_____

_____

b) O que Chico Bento quis dizer quando falou que estava plantando uma árvore "di isperança"?

_____

_____

_____

2 Pinte os ⬜ das afirmativas corretas.

a) ⬜ O desmatamento só traz benefícios para o solo.

b) ⬜ O desmatamento é feito para liberar área para o plantio e para a criação de animais.

c) ⬜ O desmatamento reduz a quantidade de abrigos e de alimentos para os animais silvestres.

d) ⬜ As queimadas deixam o solo mais produtivo e rico em plantas.

Um pouco mais sobre...

Leia o texto a seguir e saiba mais detalhes sobre elas.

Carnívoras?

As plantas carnívoras sempre despertaram o interesse do público em geral, acendendo a imaginação das pessoas, devido à sua natureza exótica quando comparada com os demais membros do reino vegetal.

▶ Dioneia prestes a capturar uma mosca.

[...] são plantas pequenas e delicadas que capturam pequenos insetos ou animais aquáticos microscópicos. Sua beleza exótica engana muitas pessoas, levando-as a crer que suas folhas, altamente especializadas, são flores – mais ainda, nem se apercebem de que elas são carnívoras. Portanto, a menos que você tenha o tamanho de um inseto, elas lhe são perfeitamente inofensivas.

Para que uma planta possa ser considerada carnívora, é preciso que ela tenha a capacidade de:

(1) **atrair,**

(2) **prender**, e

(3) **digerir** formas de vida animais.

Disponível em: <www.ladin.usp.br/carnivoras/Portugues/first.html>.
Acesso em: 23 jul. 2015.

• Você já viu uma planta carnívora? Conte para os colegas.

Revendo o que você aprendeu

1 Escreva o nome da parte da planta que está destacada nas fotografias.

a)
_____

d)
_____

b)
_____

e)
_____

c)
_____

f)
_____

2 Pinte os ⬭ das frases corretas.

a) ⬭ As plantas produzem seu próprio alimento.

b) ⬭ Todas as plantas têm raiz, caule, folha, flor, fruto e semente.

c) ⬭ Algumas plantas nascem de sementes, outras nascem de mudas.

3 No texto a seguir, a narradora, uma semente, conta sua história. Leia-o com atenção e depois responda às questões no caderno.

Estava bem no alto quando o vento parou e comecei a cair, sem conseguir subir novamente, por mais força que eu fizesse. Fui rodopiando, rodopiando, até bater numa coisa dura que me deixou **atordoada**. Nem sabia onde tinha caído. Logo que pude olhar em volta, vi que estava em cima de uma pedra. [...]

Nessa noite a chuva caiu com vontade e a terra sorveu satisfeita a água que vinha do céu. [...]

De novo cheia de vida, eu tinha minhas **hastes** prontas para abrirem-se em flores. As folhas preparavam a seiva para alimentar os botões que em breve abririam suas pétalas.

Iza Ramos de Azevedo Souza. *A sementinha bailarina.* São Paulo: Editora do Brasil, 2006. p. 2-4.

Vocabulário

Atordoado: confuso.
Haste: no caso da planta, são os caules com botões de flor.

a) Ao perceber que caiu sobre uma pedra, a semente ficou preocupada. Por que é mais difícil para uma semente viver sobre uma pedra?

b) Por que a semente deu graças aos céus pela chuva que caiu?

4 Observe a imagem e, no seu caderno, responda às questões propostas.

a) O que está acontecendo com a floresta?

b) O que pode acontecer com o local após o desmatamento?

CAPÍTULO 8
Conhecendo as máquinas

Analise a imagem a seguir.

Diálogo inicial

1. Que problema a pessoa está tentando resolver?

2. Sem equipamento adequado é fácil resolver esse problema? Por quê?

3. De que forma o personagem imagina resolver o problema?

As máquinas simples

O ser humano está sempre procurando soluções práticas para problemas cotidianos, criando recursos que possam atendê-lo em suas necessidades. Há muito tempo, ele descobriu maneiras de facilitar a realização de tarefas do dia a dia. Assim criou o plano inclinado (ou rampa), a roda e o eixo, a roldana (ou polia) e a alavanca.

Chamadas de **máquinas simples**, essas invenções facilitaram a execução de diferentes atividades que exigiam força, e até hoje são usadas no dia a dia das pessoas.

Rampa ou plano inclinado

Os planos inclinados possibilitam o acesso a lugares mais altos, facilitando o deslocamento de cargas e de pessoas, especialmente daquelas que têm dificuldade de locomoção, como os cadeirantes.

▸ A rampa possibilita o acesso a um lugar mais alto, facilitando o trabalho para descarregar mercadorias.

Para ir mais longe

Livro

▸ *O ensino de Física para crianças de 3 a 8 anos*, de Rheta DeVries e Christina Sales. Porto Alegre: Penso, 2013.

Estude a Física de maneira diferente e aprenda mais detalhes sobre rampas.

Valores e vivências

Há várias leis que organizam a vida em uma sociedade. Uma delas diz respeito à acessibilidade, ou seja, é necessário garantir, por meio de construções apropriadas, o acesso adequado às pessoas que apresentam deficiências ou mobilidade reduzida, como mostra a fotografia ao lado.

▶ Sem a rampa, o acesso de pessoas com mobilidade reduzida a determinados lugares seria muito difícil.

◆ Roda e eixo

Você sabia que, há muito tempo, as pessoas perceberam que era mais fácil deslocar grandes objetos, como blocos de pedras, quando eles eram colocados sobre troncos de árvores? Daí, provavelmente, surgiu a ideia de construir a roda.

▶ A construção das pirâmides do Egito ainda intriga a humanidade. Muitos historiadores defendem a ideia de que milhares de pessoas participaram dessa tarefa e diferentes máquinas simples foram usadas, como rampas e rodas feitas de troncos.

A roda gira sobre um eixo central e é uma das invenções mais importantes da humanidade, pois facilitou deslocamentos e possibilitou grandes avanços tecnológicos.

No início, a roda era feita com uma peça de madeira maciça e, por isso, era muito pesada. Para torná-la mais leve e facilitar o manuseio, muitas aberturas foram sendo feitas ao longo do tempo até surgir a roda com raios.

▶ A ideia de deslocar objetos com troncos ainda é usada por muitos pescadores, que colocam troncos de árvores para facilitar o deslizamento do barco quando é preciso tirá-lo do mar.

Muitas foram e continuam sendo as utilidades da roda no dia a dia das pessoas. No campo, ela facilitou o trabalho antes feito pelas pessoas ou por animais, pois os veículos com rodas tornaram menos pesado o trabalho de puxar o arado.

▶ A gravura retrata o uso de uma roda, indicada pela letra A, na fabricação de tecidos. A roda gira conforme a água passa pelas pás, próximo à base, e assim movimenta a máquina.

▶ As dez rodas do caminhão-cegonha possibilitam o transporte de toneladas de carga.

Na prática — Experimento

Objetivo

Perceber a importância do uso da roda.

Material:

- uma caixa pequena cheia de objetos que a tornem mais pesada;
- dez lápis roliços.

Como fazer

1. Pegue a caixa com os objetos e tente empurrá-la sobre uma superfície lisa.
2. Agora, usando os lápis, encontre uma forma de empurrar a caixa sobre a superfície lisa.
3. Conte para os colegas quais foram suas tentativas para solucionar o problema.

1. Com base nos resultados da atividade, responda: A solução que você encontrou para resolver o problema foi melhor que a tentativa anterior? Por quê?

_____
_____
_____

◈ Roldana ou polia

Você já ouviu falar em roldanas?

As roldanas, que também são chamadas de polias, são máquinas simples muito importantes no dia a dia das pessoas.

Ao usá-las, o objetivo é facilitar o deslocamento de um objeto.

Observe a fotografia ao lado.

A roldana foi usada para que o recipiente com água fosse retirado do poço.

As roldanas são utilizadas também para levar algum material até o andar superior de uma construção, sem utilizar a escada; em guindastes; academias de ginástica, para movimentar os equipamentos; e, até mesmo, na prática de esportes radicais, por exemplo.

▶ As roldanas são utilizadas principalmente na construção civil, na agricultura e na jardinagem para erguer ou movimentar cargas e objetos.

▶ A tirolesa é uma estrutura usada para o lazer. Nela, o usuário se prende a um cabo bem firme e desliza por ele até o ponto de chegada, onde o cabo termina. A roldana é fundamental à tirolesa, pois possibilita que a pessoa deslize rapidamente pelo cabo.

Na prática — Experimento

Objetivo
Compreender o funcionamento de uma roldana.

Material:
- um ioiô ou uma roldana;
- 2 metros de barbante;
- uma caixa pequena, pesada, fechada e com alça.

Como fazer

1. Tente levantar a caixa segurando-a com as duas mãos.
2. Usando o ioiô como se fosse uma roldana, coloque o barbante em torno dele e prenda uma das pontas do barbante na alça da caixa com os objetos. Deixe a outra ponta do barbante livre.
3. Um colega ficará em um lugar mais alto e segurará o ioiô de modo que o barbante se mova livremente em torno dele.
4. Segure a ponta livre do barbante e puxe-o de modo que a caixa se eleve.
5. Troque de posição com o colega: quem segurou o ioiô deve puxar o barbante para elevar a caixa.
6. Registre a experiência, em seu caderno, por meio de desenhos.

1. Com base nos resultados da atividade, responda às questões a seguir no caderno.

a) Em qual das situações foi mais fácil elevar a caixa?

b) Qual é a função de uma roldana?

◈ Alavanca

A alavanca é uma **haste** horizontal com um ponto de apoio. Observe a imagem a seguir e identifique o que serve como alavanca e qual é o ponto de apoio.

> Na figura, foram utilizadas cores-fantasia.

Vocabulário

Haste: objeto comprido que se prende a outro, como as estruturas que seguram as bandeiras.

A alavanca é encontrada nas tesouras e nos abridores de latas, entre outros utensílios que usamos no dia a dia. Com ela, podemos levantar objetos fazendo menos esforço.

Observe nas fotografias alguns exemplos do uso de alavancas.

▶ Na gangorra da imagem, a haste de metal é a alavanca, e o ponto de apoio encontra-se no centro dessa estrutura.

▶ O martelo funciona como alavanca, e o ponto de apoio é a cabeça do martelo, que se apoia na superfície em que o prego está preso

Atividades

1 Qual tipo de máquina simples cada frase a seguir descreve?

a) Máquina simples usada para erguer um balde com água de dentro de um poço: _____

b) Possibilita o acesso a lugares mais altos: _____

c) Haste usada para levantar algo com menos esforço: _____

2 Pense em todos os objetos que o cercam e escreva o nome de três que não funcionariam se não tivessem rodas.

_____

3 Reúna-se com dois colegas e, juntos, analisem as seguintes situações.

a) Imaginem que vocês estão em um caminho que foi fechado por uma pedra. Lembrando-se do uso das alavancas, o que vocês poderiam fazer para solucionar o problema?

b) Vocês precisam colocar a bandeira do Brasil no alto de um mastro sem correr o risco de subir no mastro e cair. Que máquina simples está faltando no mastro para auxiliá-los nessa tarefa?

❖ As máquinas no dia a dia

Você conheceu algumas máquinas simples e viu a importância delas no dia a dia das pessoas. Essas máquinas foram sendo empregadas na construção de outras máquinas mais complexas com o objetivo de facilitar as atividades humanas.

Há milhares de anos, a humanidade vem utilizando ferramentas. Acredita-se que as primeiras ferramentas eram feitas de pedra. O período em que isso ocorreu ficou conhecido como Idade da Pedra.

▶ Os machados primitivos eram feitos com pedra, que era amarrada em um pedaço de madeira. Ferramentas encontradas em uma caverna no Salar de Uyuni, Bolívia.

▶ Hoje os machados são feitos de ferro, presos a um cabo de madeira.

Com o passar do tempo, o ser humano foi desenvolvendo outras máquinas, cada vez mais complexas, e cada uma com uma função. Usando a roda, por exemplo, ele inventou uma ferramenta para fiar: a roda de fiar. Por meio dela, porções de materiais como linho e algodão eram transformadas em fios, usados na fabricação de tecidos.

▶ Roda de fiar.

Hoje, as pessoas podem contar com ferramentas mais elaboradas.

Brincar e aprender

1 Para funcionar, a bicicleta usa roda e roldana. Na sequência de sombras, apenas uma corresponde exatamente à imagem da bicicleta. Descubra qual é.

2 Destaque a página 191 e cole-a em um pedaço de cartolina. Recorte as peças e brinque de **jogo da memória**. Ao virar as peças, preste atenção para que seja feito um par entre a ferramenta e o profissional que a utiliza.

Para ir mais longe

Livro

▸ *Como funcionam as máquinas*, de Nick Arnold e Allan Sanders. São Paulo: Catapulta, 2013.

Explora os conhecimentos científicos que estão na base de algumas máquinas e mecanismos simples.

◈ Máquinas evoluem e se modernizam

Desde que foram inventadas, as máquinas foram evoluindo e se modernizando, sem, contudo, perder sua função inicial.

Veja alguns exemplos.

• Avião

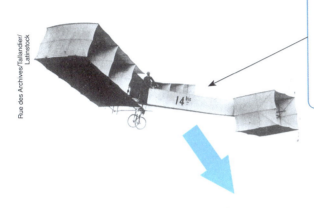

Este é o 14-bis, avião inventado pelo brasileiro Alberto Santos Dumont em 1906. Feito principalmente de bambu e seda japonesa, apesar de parecer frágil, foi o primeiro avião a voar com seus próprios meios, ou seja, com um motor dentro de sua estrutura.

Construídos em materiais mais leves e resistentes, como o alumínio e a fibra de carbono, os aviões modernos, com motores mais potentes, são capazes de voar a grandes altitudes e transportar muitos passageiros.

• Caneta

Canetas como essa, com ponta de bronze e penas de ganso, funcionavam com uma tinta que ficava em um vidro. Para escrever, era preciso molhar a ponta da caneta nessa tinta.

A caneta esferográfica, com uma pequena esfera de metal molhada por uma tinta que vem de dentro de um tubo, surgiu há mais de 100 anos. Em 1938, foi aperfeiçoada pelo húngaro Josef Biro, transformando-se nesse objeto muito utilizado até hoje.

◆ Computador

Os computadores modernos são mais compactos e desempenham muitas funções com qualidade.

Lançado em 1950, o computador Omibac funcionava como uma calculadora, porém menos potente que uma calculadora de bolso atual. O primeiro computador, entretanto, já havia sido lançado um pouco antes, em 1947.

◆ Aparelhos para ouvir música

O gramofone foi inventado em 1888 pelo alemão Emil Berlini. Servia para reproduzir a música que estava gravada em um disco plano de vinil.

Com o tempo, o gramofone evoluiu para a vitrola, mais leve e simples, que podia ser carregada para outros lugares. Os discos de vinil tornaram-se mais leves e resistentes.

Em 1997, as pessoas podiam ouvir música por meio de uma máquina pequena e resistente chamada MP3 *player*, na qual não era mais preciso inserir disco.

Atividades

1 Escreva o nome de quatro máquinas que você usa no dia a dia.

_____

_____

2 A tecnologia não para de evoluir. Algumas invenções, por causa de aprimoramentos tecnológicos, mudaram bastante. Veja os exemplos a seguir.

- Telefone

- Meio de transporte coletivo

Agora responda às questões no caderno.

a) Quais foram as principais mudanças que você observou no telefone? Elas foram vantajosas?

b) Quais foram as principais mudanças que aconteceram no transporte coletivo? Elas foram vantajosas?

Revendo o que você aprendeu

1 Leia a tirinha e responda às questões propostas.

Como vou colocar sozinho esta geladeira no caminhão?

Agora sim! Com um plano inclinado ficou mais fácil.

a) De que forma o personagem conseguiu colocar a geladeira sozinho no caminhão?

_____

b) A geladeira ficou mais leve ou foi o plano inclinado que facilitou seu transporte?

_____

c) O plano inclinado é uma máquina simples usada pelo personagem da tirinha. Você conhece outras máquinas simples que facilitam a vida das pessoas?

_____

2 A sociedade deve garantir, de forma adequada, o acesso de todas as pessoas. Analise a situação mostrada na charge e responda às questões propostas.

a) O que impediu o cadeirante de chegar ao local do anúncio do emprego?

_____

b) O que precisa ser mudado para que o personagem tenha acesso ao local do emprego?

_____

_____

c) Que atitude você tomaria para ajudar essa pessoa?

_____

_____

3 Analise a tirinha ao lado e faça o que se pede.

a) De que forma os avanços tecnológicos mudaram os hábitos do personagem da tirinha?

_____

_____

b) Em relação a essa mudança de hábito, escreva:
- duas vantagens:

_____

_____

- duas desvantagens:

_____

Atividades para casa

CAPÍTULO 1

1 Coloque **C** se a característica for comum entre as pessoas. Coloque **D** se ela se modifica de pessoa para pessoa.

a) ⬜ cabeça
b) ⬜ formato da boca
c) ⬜ cor do cabelo
d) ⬜ altura
e) ⬜ pescoço
f) ⬜ cor da pele
g) ⬜ formato dos olhos
h) ⬜ cor dos olhos
i) ⬜ formato do nariz
j) ⬜ tipo do cabelo
k) ⬜ peso
l) ⬜ formato do rosto
m) ⬜ tamanho do pé
n) ⬜ tamanho da mão

2 Você convive com pessoas que estão em diferentes fases da vida, não é mesmo?

Cite o nome e a idade de uma dessas pessoas, para cada fase indicada a seguir, e escreva qual é sua relação com ela.

Exemplo: Infância: Mirela, 5 anos, minha irmã.

Infância: _____

_____

Adolescência: _____

_____

Idade adulta: _____

_____

Velhice: _____

_____

Atividades para casa

CAPÍTULO 2

1 Para fazer esta atividade você vai precisar da sua carteira de vacinação e do auxílio de seus pais ou de adultos que moram com você.

Consultando seu calendário de vacinação, complete as lacunas.

a) Minha primeira vacina foi _____.
   Tomei quando tinha _____ meses.

b) Minha última vacina foi _____.
   Tomei quando tinha _____ anos.

c) Provavelmente estou protegido contra várias doenças, como _____.

d) Minha próxima vacina será contra _____, e a tomarei quando tiver _____ anos.

2 Marque um **X** nas atitudes corretas relacionadas aos cuidados com a postura.

a) ☐ Não carregue a mochila de um só lado do corpo.

b) ☐ Agache-se para levantar objetos pesados do chão.

c) ☐ Ao sentar-se, deixe os pés sempre balançando.

d) ☐ Não fique por muito tempo na frente do computador.

3 Em quais momentos devemos lavar as mãos?

_____
_____

Atividades para casa

CAPÍTULO 3

1 A imagem a seguir mostra uma cena muito comum em uma feira livre. Observe os itens que estão à venda e atente à fala da vendedora. Em seguida, no caderno, responda às questões ou faça o que se pede.

"Criança que come das minhas frutas cresce forte e saudável, como uma rainha ou um rei! Lambe os beiços e sai dizendo: mamãe, eu adorei!"

a) Esses alimentos fazem bem à saúde? Por quê?

b) Que cuidados são necessários antes de consumir alimentos com casca?

2 Cada família tem uma história. Dessa história fazem parte as tradições, como almoços de domingo, festas de aniversário ou comemorações do Natal.

Converse com seus pais e responda no caderno às questões a seguir.

a) Qual é a receita mais tradicional de sua família?

b) Essa receita é doce ou salgada?

c) Qual é o principal ingrediente da receita?

d) Esse ingrediente é de origem animal ou vegetal?

Conte aos colegas o que você descobriu.

Atividades para casa

CAPÍTULO 4

1 Existem pessoas que têm dificuldade para enxergar e necessitam usar óculos. Converse com alguém que usa óculos e faça-lhe as perguntas a seguir.

a) Por que você usa óculos?

_____

b) Há quanto tempo você usa óculos?

_____

c) O que mudou a partir do momento que você começou a usá-los?

_____

Na próxima aula, conte aos colegas o que descobriu.

2 Observe a tira e depois responda às questões.

a) No primeiro quadrinho, que sentido a menina está utilizando? Qual é o principal órgão desse sentido?

_____

b) No terceiro quadrinho, a que sentido a menina está se referindo? Qual é o órgão responsável por esse sentido?

_____

3 Identifique o sentido utilizado em cada situação descrita.

a) O volume da música está muito alto!
_____

b) O chocolate está delicioso!
_____

c) A pedra é muito áspera!
_____

d) Que perfume gostoso a professora está usando!
_____

e) Que gato lindo!
_____

4 Pinte os ⬜ que mostram os cuidados que devemos ter com a pele.

a) ⬜ Tomar banho diariamente para se livrar das sujeiras.

b) ⬜ Expor-se ao sol entre 12 e 16 horas.

c) ⬜ Usar protetor solar.

d) ⬜ Usar boné.

e) ⬜ Tomar somente um banho por semana.

f) ⬜ Expor-se ao sol antes das 10 e depois das 16 horas.

5 Por que quando estamos resfriados temos dificuldade em sentir o sabor dos alimentos?
_____
_____
_____

Atividades para casa

CAPÍTULO 5

1 Encontre no diagrama as seguintes palavras: água, ar, roseira, golfinho, cavalo e terra. Circule de verde as que representam seres vivos. Circule de marrom as que representam elementos naturais não vivos.

```
B R A N D E Á G U A D O I P O R
E D E L E G U E I D E R O M L N
G F G O L F I N H O A V R U T E
J H J U R A S T E R R A S H G P
K I B R O S E I R A N T E S U B
M L M E R C A V A L O D A R V A
```

2 Uma pessoa precisa ser muito observadora para se tornar cientista. Ela precisa verificar detalhes que muitas vezes as outras pessoas não percebem.

a) Que tal treinar seu olhar de cientista? Analise o local onde você mora. Depois, escreva no caderno:

- o nome de dois elementos naturais que você viu;
- o nome de dois elementos construídos pelas pessoas;
- o nome de dois seres vivos presentes no local;
- o nome de dois elementos naturais não vivos vistos no local.

b) Desenhe, no caderno, um dos seres vivos que você viu no local.

Atividades para casa

CAPÍTULO 6

1 Circule o nome de animais típicos de ambientes aquáticos.

a) onça
b) cachorro
c) cavalo
d) peixe
e) boto
f) vaca
g) cabra
h) baleia
i) gato

2 Classifique os animais de acordo com seu hábito alimentar.

a)    b)    c)

Fotos: Fabio Colombini

_____   _____   _____

3 No diagrama a seguir circule o nome de oito animais. Depois escreva no caderno o nome dos animais que circulou, agrupando-os de acordo com a cobertura do corpo.

A	C	M	A	M	F	U	S	A	B	I	Á	A
R	R	C	A	C	H	O	R	R	O	B	L	U
A	U	R	U	B	E	L	H	A	S	P	F	R
R	P	E	I	X	E	O	E	I	X	A	L	S
A	C	A	C	A	V	A	L	O	V	T	C	O
S	E	R	P	E	N	T	E	P	A	O	R	T

a) animais com pelos

_____

b) animais com penas

_____

c) animais com escamas

_____

4 Complete o diagrama de palavras com a forma de locomoção dos animais.

5 O que diferencia um animal silvestre de um animal domesticado?

_____

_____

Atividades para casa

CAPÍTULO 7

1 Pinte a parte da planta à qual a frase faz referência.

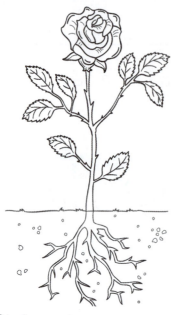

🟧 Geralmente se localiza dentro do solo.

🟩 Produz alimento para a planta.

🟫 Parte da planta bem desenvolvida em árvores como as sequoias.

🟥 Podem ser coloridas e cheirosas, atraindo insetos e aves.

2 Pinte as imagens que representam as causas do desmatamento.

1

3

2

4

3 No espaço a seguir desenhe ou cole imagens de plantas que fazem parte da alimentação humana. Depois, circule o alimento de que você mais gosta.

4 Complete o diagrama de palavras com exemplos de partes comestíveis das plantas.

1. Exemplo de alimento que é retirado do caule da planta.
2. Fruto muito utilizado para fazer suco.
3. Raiz comestível também conhecida como aipim ou macaxeira.
4. Semente usada na fabricação de óleo e também de leite.

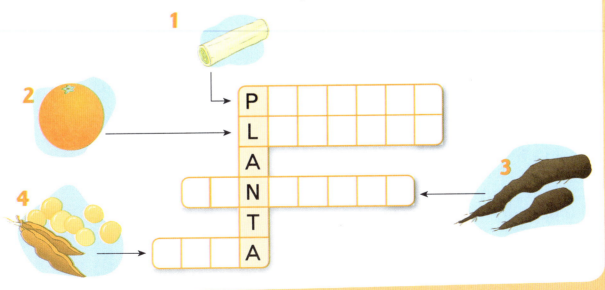

Atividades para casa

CAPÍTULO 8

1 Complete o diagrama com o nome das máquinas.

1. Máquina simples que possibilita o deslocamento de cargas a lugares mais altos. Também chamada de plano inclinado.

2. Haste horizontal com um ponto de apoio, que é usada para levantar objetos com menos esforço.

3. Substituiu o transporte puxado por animais, porém provocou problemas ambientais devido à queima da madeira das florestas para movimentar as locomotivas.

4. Objeto que torna o trabalho de cortar mais simples.

5. Máquina simples que possibilita segurar objetos difíceis de prender apenas com os dedos.

6. Também são chamadas de polias, sendo muito importantes, por exemplo, para elevar objetos a andares superiores de uma construção.

7. Objeto que gira sobre um eixo central e é uma das invenções mais importantes da humanidade, pois facilitou o deslocamento.

Encartes

Peças para a atividade da página 76.

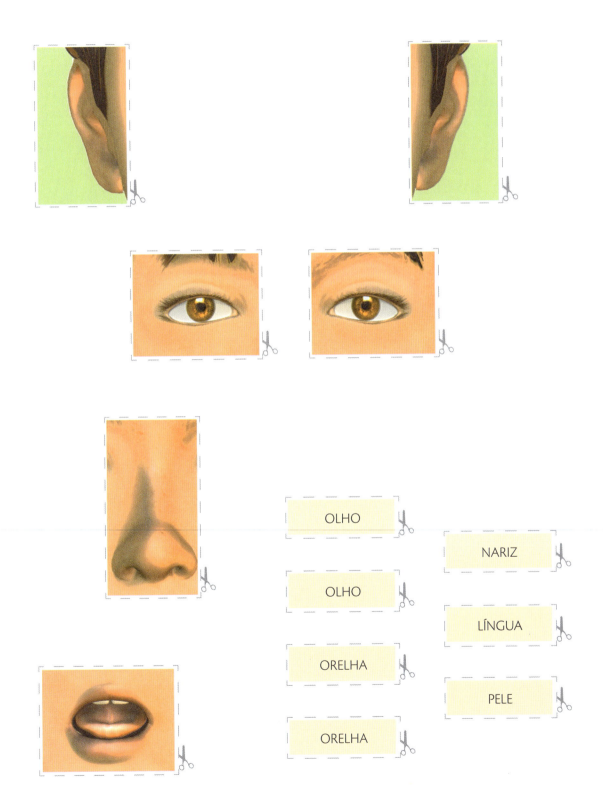

Peças para a atividade da página 106.

Peças para a atividade da página 122.

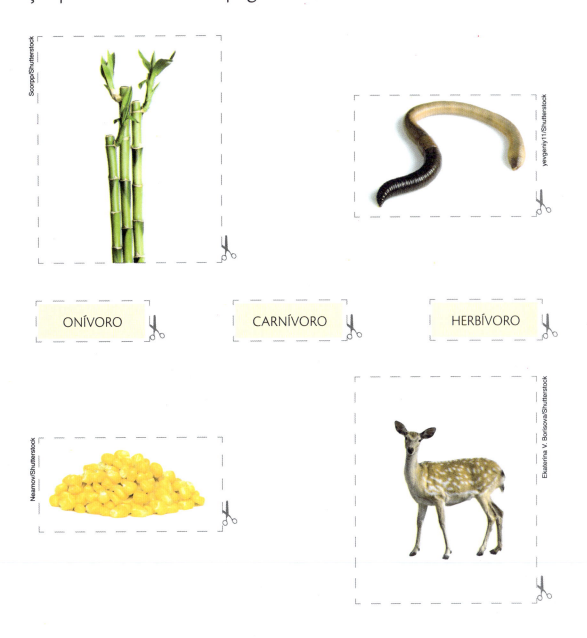

Peças para a atividade 2 da página 168.

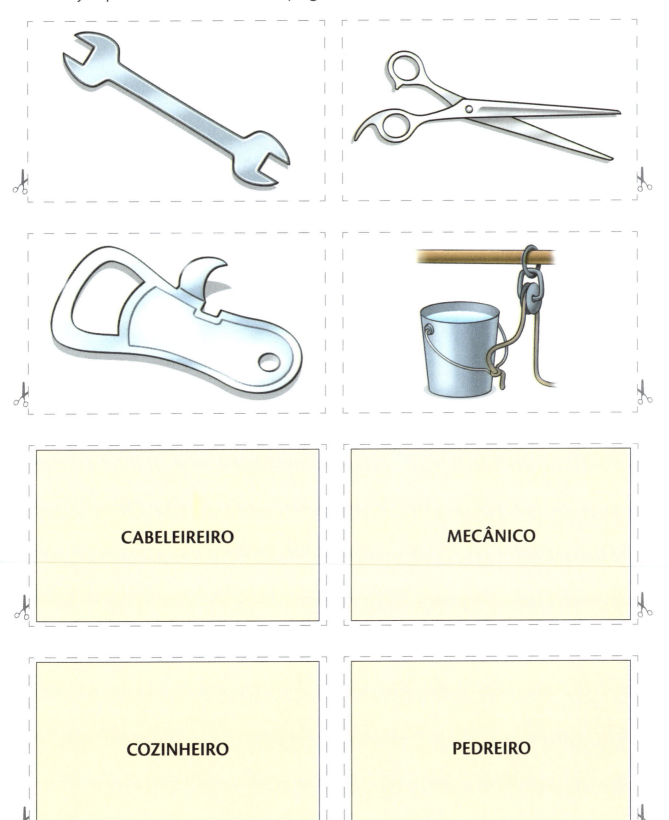